Iris Geyer, Maike Schmauß
ÜBERS WASSER GEHEN

Iris Geyer
Maike Schmauß

Übers Wasser gehen

Wie die Bibel hilft, nicht im Alltag zu versinken

Kösel

MIX
Papier aus verantwortungsvollen Quellen
FSC® C013736

Verlagsgruppe Random House FSC-DEU-0100
Das für dieses Buch verwendete FSC®-zertifizierte Papier
Plano Plus liefert Papyrus, Ettlingen.

Umschlag: Weiss | Werkstatt | München
Umschlagmotiv: © shutterstock
Druck und Bindung: Kösel, Krugzell
Printed in Germany
ISBN 978-3-466-37017-7

Weitere Informationen zu diesem Buch und unserem gesamten
lieferbaren Programm finden Sie unter
www.koesel.de

INHALT

2 KONFLIKTE: LUST AUF EIGENSTÄNDIGKEIT

3 SCHULD: LUST AUF VERSÖHNUNG

4 ABSCHIED UND AUFBRUCH: LUST AUF NEUES

5 NÄHE UND DISTANZ: LUST AM DU

EINE PERSÖNLICHE EINLEITUNG

Weshalb ich die Bibel lese, wie ich sie lese

Iris Geyer

»Wieso hast du dich eigentlich so lange mit einer Frau beschäftigt, die sich letztlich zu Tode gehungert hat?« Ein Kollege stellte mir diese Frage vor vielen Jahren, als ich meine Doktorarbeit über die Mystikerin Maria von Oignies schrieb. Eine gute Frage, eine Frage, die mich seitdem begleitet.

Es ging in meiner Dissertation um eine mittelalterliche Mystikerin und Begine, die als eine der ersten frommen Frauen im Hochmittelalter die Lebensform als Semireligiose gewählt – fast könnte man sagen »erfunden« – hat, also ein Leben zwischen Welt und Kloster. Diese fromme Frau war ihr Leben lang der Gefahr ausgesetzt, als Ketzerin missverstanden und verfolgt zu werden. Sowohl vom Aussehen als auch von ihren religiösen Praktiken glich sie nämlich sehr den damals von der Kirche bekämpften Katharern. So wurde sie schließlich von ihrem Beichtvater und Biografen als Beispiel aufgeführt, um den Ketzern jener Zeit wie auch den vielen frommen Laien und Ordensleuten ein Beispiel von rechtgläubigem Leben als Vorbild vor Augen zu halten.

Ich antwortete auf die Frage meines Kollegen, dass es mir erstens um das Bekanntmachen von Frauengeschichte gehe, dass mich zweitens die Zeit des Hochmittelalters – alles andere als dunkel! – sowie drittens die Mystik fasziniere. Es fasziniere mich daran vor allem, dass die Frauen ihren Glauben ins Zentrum ihres Lebens stellten und alle Lebensbereiche von ihrer

Frömmigkeit durchdringen ließen. Mystikerinnen leben aus der Kraft des Glaubens, sie wissen, was Priorität hat, kennen ihre Lebensmitte und von daher ordnet sich ihr Leben.

Diese Konzentration auf den Glauben war mir immer erstrebenswert und ist mir heute noch ein Vorbild. In mir steckt noch immer die Sehnsucht nach einem religiösen Modell, das einem die Kraft gibt, das heutige oft zersplitterte Patchwork-Leben zu meistern.

Es ging und geht mir um diesen echten, unmittelbaren Glauben, um einen heilenden und heilsamen Glauben. Es geht mir um Glauben, der Leben ordnet und um den herum sich Leben anordnet. Es ist die Sehnsucht, selbst einen Glauben zu leben, in dem die Nähe zu Gott immer wieder zu spüren, zu erfahren ist, in dem die Phasen der Gottesferne ebenso wahrgenommen werden und ihren Ort haben.

In unserer Zeit und gerade für eine Pfarrerin mit einem unregelmäßigen Lebensrhythmus ist es schwer, täglich die nötigen festen Meditationszeiten einzuhalten. Es ist schwer, in aller Ruhe und Ausführlichkeit, nur für sich, ohne es für eine Predigt oder eine Besinnung zu »verwerten«, die Bibel zu lesen und zu meditieren.

Ich habe gelernt, dass eine gewisse geistliche Disziplin hilfreich ist. Und ich habe die Erfahrung gemacht, dass gerade in beruflich oder auch sonst sehr angespannten Zeiten nur das Gebet mir half, ruhig, gefestigt und ausgeglichen zu bleiben.

Zufällig entdeckte ich einmal in solch harten Zeiten, wie es geht, sich biblische Geschichten und Personen zu vergegenwärtigen. Ich suchte Trost und dachte mich intensiv in die Geschichte von der Sturmstillung hinein. Ich saß in Gedanken mit den Jüngern im Boot, fürchtete mich vor den Wellen und dem Meer, spürte die Todesangst – wie sie; ich ließ mein Leben an meinem inneren Auge vorbeiziehen – wie sie; auf einmal spürte ich Jesu Erwachen und hörte sein Machtwort – wie sie. Ich erlebte: Jesus steht auf – für mich. Die Stürme hören auf, das Meer hört auf zu tosen: Jesus schafft Stille – für mich. In diesem Augenblick wusste ich, dass diese Geschichte nicht nur eine Trostgeschichte für die ersten Christengemeinden ist, sondern dass sie heute ebenso wie damals jedem Hilfesuchenden Kraft gibt.

Auf meiner Suche nach unmittelbarer Bibelerfahrung stieß ich auf die Methode des Bibliologs. Dies ist eine Methode, die den Teilnehmerinnen und Teilnehmern einer Gruppe einen lebensnahen, emotionalen Zugang zu biblischen Geschichten ermöglicht. Nicht nur eine Gemeindegruppe, sondern eine ganze Gottesdienstgemeinde kann sich gemeinsam in die Figur einer biblischen Geschichte hineinversetzen und die Gefühle, Gedanken, Handlungen, Reaktionen dieser Person ausdrücken. Es geht im Bibliolog darum, das zu ergründen, was zwischen den Zeilen steht – der Bibliolog nennt das das »weiße Feuer«, im Unterschied zum »schwarzen Feuer«, dem gedruckten Wort. Ich lese im »schwarzen Feuer« von einem Ereignis und frage im »weißen Feuer« nach den Gefühlen, Überlegungen, Hoffnungen und Befürchtungen der beteiligten Menschen.

Lebens- und Glaubenserfahrungen verbinden uns heute mit den Christen der ersten Jahrhunderte, ja sogar mit den Jüngern und Jüngerinnen. Da im Bibliolog allgemein menschliche, damit universelle Erfahrungen zur Sprache kommen, scheint mir das nicht nur erlaubt, sondern zum Verstehen biblischer Geschichten hilfreich, ja, geradezu nötig. In der einzigen missglückten Berufungsgeschichte Jesu zum Beispiel, in der Geschichte vom reichen Jüngling, wird der junge Mann meist negativ gesehen: Wieso springt der denn nicht über seinen Schatten und gibt den schnöden Mammon auf! Er lässt die Gelegenheit seines Lebens einfach verstreichen! Sein Besitz ist ihm wichtiger, als Jesus nachzufolgen! Es ist ihm lieber, festzuhalten, was er ist und was er hat, als ein Leben mit Jesus zu führen! Doch wer sich – im Bibliolog – überlegt, ob der junge Mann vielleicht das Erbe seiner Eltern zu verwalten, die alten Eltern oder die jüngeren Geschwister zu versorgen hatte, ob er gerade eine Familie gegründet hat oder ob schlicht und einfach seine Sehnsucht nach Gott nicht stark genug war, um alles aufzugeben und sich in die Schar der Jünger einzureihen, empfindet Sympathie für den jungen Mann, ja, entdeckt vielleicht im eigenen Leben auch zu viele Beschäftigungen, zu viel »Reichtum« und zu wenig Hunger nach Gottes Nähe, zu wenig Glaubenskonsequenz, zu wenig Sehnsucht nach Gott. Seitdem mir die Methode des Bibliologs vertraut ist, lese ich Bibelgeschichten völlig neu und anders, seitdem schreibe ich Predigten anders.

Im Jahr 2002 kam ich zum ersten Mal mit der besonderen Seelsorgearbeit der geistlichen Begleitung in Berührung. Sofort wusste ich: Das will ich lernen. Es war ähnlich wie bei der Mystik ein inneres Berührtsein und Wissen: Das ist es, wonach ich gesucht habe. In den Jahren 2008 und 2009 ließ ich mich zur geistlichen Begleiterin ausbilden. Diese Ausbildung, einschließlich der Erfahrungen bei den Schweigeexerzitien, halte ich für die Summe meines geistlichen und theologischen Suchens. In den Gesprächen der geistlichen Begleitung geht es darum, Menschen darin zu unterstützen, ihr Leben zu ordnen, den roten Lebensfaden zu finden, ihre religiösen Prägungen und ihr Gottesbild anzuschauen und den Heilkräften Gottes zu vertrauen. Ein Grundsatz dabei ist: Das Heil Gottes ist stets größer als das Unheil in der Welt.

Trotz oder gerade wegen dieser Grundüberzeugung bedeutet das nicht, im Leben oder in der Bibel die sperrigen, anstößigen Worte und Erfahrungen einfach auszublenden. Nein, der Jesus der Bibel ist kein »liebes Jesulein«. Der Jesus der Bibel ist einer, der immer wieder zurückweist, der harte Worte spricht, der sich nichts gefallen lässt, der sogar Methoden gegen Mobbing »erfunden« hat, der sich zur Wehr setzt gegen Übergriffe, der sich abgrenzt gegenüber Petrus zum Beispiel und durchaus auch einmal den Rücken zukehren, die kalte Schulter zeigen und Grenzen ziehen kann. Doch es ist ein Jesus, der für jeden Menschen die richtigen Worte, die richtige Geste, die richtige Weisung hat.

Einer meiner wichtigsten Leitsätze stammt von Ignatius von Loyola. Er lautet: »Gott in allem suchen und finden.« Diese Erkenntnis hat meinen Predigtstil wiederum verändert. Ich versuche in meinen Predigten Impulse, Anleitungen, Hinweise zu geben, wie geistliches Leben sich entdecken und vertiefen lässt. Historische Exegese halte ich nach wie vor für unerlässlich. Doch damit Menschen sich angesprochen fühlen, braucht es eine Auslegung, in der heutige und biblische Erfahrungen ernst genommen und abgefragt werden und in der zu Glaubenserfahrungen angeregt wird.

Da mir immer wieder Menschen begegnen, die sagen, sie könnten beim Lesen in der Bibel diese Impulse nicht sehen, sie könnten nicht wirklich verstehen, was dort gesagt wird, sie könnten die Brücke zwischen den damaligen und heutigen Lebenserfahrungen nicht finden, machen wir in diesem Buch mit zahlreichen Möglichkeiten und Methoden bekannt, wie man mit der Bibel in einen Erfahrungsaustausch kommen kann, wie sie zu einer Anleitungsquelle für eine Spiritualität des Alltags heute werden kann.

Mein spiritueller Weg

Maike Schmauß

»Schläft dein Jesus noch?« Die so fragte und mir dabei von hinten eine Hand auf die Schulter legte, war eine Missionsbenediktinerin, Sr. I. Es war der dritte Tag meiner allerersten Exerzitien. Zwei Tage war ich umgegangen mit der Geschichte von der Sturmstillung, hatte die Stürme und Wogen, die Winde und Wellen meines Lebens angesehen und dabei erlebt, wie Jesus hinten in meinem Lebensboot einfach schlief, während ich das Gefühl hatte zu »verderben«. Ja, er schlief noch und im Einzelgespräch gestand ich Sr. I., ich sei auch keineswegs sicher, dass selbst ein wacher Jesus mir helfen könne. »Denn«, so sagte ich, »Jesus ist für mich nicht Gott.« Das war mutig. Das war äußerst gewagt. Was hatte ich in einem Kloster zu suchen, wenn ich nicht an Jesus, den Christus, glaubte? Würde sie mich nun wegschicken? Sie schickte mich nicht weg. »Wenn Jesus für dich nicht Christus ist, nicht Gottessohn, was ist er dann?«, fragte sie. Ich begann aufzuzählen: »Ein Mensch, der unverzerrt das Ebenbild Gottes ist, einer, der vorurteilslos liebt, der sich den Außenseitern der Gesellschaft zuwendet, der die Frauen aufwertet, der heilt, der von Gott erzählen kann wie niemand sonst, der das Leben will ...« »Nun, das ist doch schon sehr viel«, antwortete Sr. I., »bleib ihm auf der Spur.« Sie hatte mich nicht verurteilt, sie hatte aber auch nicht gesagt: Das genügt, sei zufrieden. Sie hatte mich angenommen, ernst genommen und neugierig gemacht, in mir die Lust auf Mehr geweckt.

Und dann half sie mir, ihm auf der Spur zu bleiben. Sie begleitete mich hin zu dem Glauben an Jesus, den Christus. So entdeckte ich das Herzensgebet. Ich fuhr in das Exerzitienhaus zu dem Jesuiten Franz Jalics, um seine Form des Herzensgebets zu üben. Seitdem verbringe ich dort jedes Jahr zehntägige Schweigeexerzitien. Diese Form des Gebets, in der nur der Name Jesus Christus gebetet wird, praktiziere ich auch in meinem Alltag – alleine und in einer Gruppe, die sich einmal wöchentlich im Spirituellen Zentrum St. Martin in München trifft. Dort kann ich in den sonntäglichen Gottesdiensten auch all das einbringen, was ich bei Sr. I. an lebendiger Bibelbegegnung gelernt habe. Die Fragen vieler Menschen, wo man denn so einen Umgang mit der Bibel lernen kann, haben mich auch auf die Idee gebracht, darüber ein Buch zu schreiben.

Ich, die ich die protestantische Form der Bibelarbeit kannte – Text, Exegese, Bibelgespräch –, hatte bei Sr. I. einen ganz neuen Zugang gefunden:

Sie »verwickelte« mich, wie sie es nannte, in die Geschichten. Es wurden meine Lebens- und Glaubensgeschichten. Ich dachte nicht nach über Zachäus, nein, ich *war* Zachäus. Ich spürte, wie ich mich festklammerte an den Ästen des Maulbeerbaums, auf dem ich saß: an meinen Vorurteilen und Ängsten, an meinen Verletzungen und meiner Schuld, an meinen Enttäuschungen und Erwartungen. Als Zachäus erlebte ich, wie Jesus hochblickte, mich anschaute und herunterrief, sodass ich in Augenhöhe mit ihm kam. Oder ich saß als Maria zu Jesu Füßen, während meine Schwester Martha in der Küche arbeitete, ich spürte meine Bewegungslosigkeit als Lazarus im Felsengrab, eingewickelt in Binden, unfähig, auch nur einen eigenen Schritt zu tun, und hörte den Ruf Jesu: »Komm heraus!« Ich hörte auch, wie Jesus zu denen, die mich in ihrer klammernden Liebe zu ersticken drohten, sagte: »Lasst sie jetzt gehen!«

Die zehn Aussätzigen waren für mich kein Lehrbeispiel für Dankbarkeit, sie waren lauter Persönlichkeitsanteile von mir – da waren neun Seiten von mir, die die Gelegenheit, mit Jesus wirklich in Kontakt zu kommen, nicht wahrnahmen – meine Trägheit, die sagte *»Ich gehe schon noch hin«*, meine Ängstlichkeit, die fragte *»Was soll ich ihm dann sagen?«*, mein Aktionismus, der sofort ganz viel zu tun hatte, und so weiter. Aber da war auch die eine Seite, die mich hingehen und Jesus zu Füßen fallen ließ.

Sr. I.'s Methodenreichtum faszinierte mich, schenkte mir immer neue Erfahrungen mit der Bibel. Ich wurde zum Acker, der einen kostbaren Schatz barg, aber auch zum Schatz, der, tief verborgen in der Erde, darauf wartete, entdeckt zu werden, und fühlte mich hinein in den Menschen, der alles dafür einsetzte, um diesen Schatz zu erwerben. Ich lernte, mit Symbolen zu arbeiten, ich wagte trotz meiner Unbegabtheit den Versuch zu malen und eine Geschichte so auszudrücken. Ich lernte, meinen Körper einzubeziehen in meine Begegnungen mit biblischen Geschichten und entdeckte tief gebeugt als gekrümmte Frau, dass ich nur noch den Boden unter mir sah, dass ich Jesus gar nicht anschauen *konnte*, selbst wenn ich gewollt hätte – ich war darauf angewiesen, dass er mich anschaute.

Ich hörte die Frage Jesu: »Willst du gesund werden?« und merkte, welche Eigenverantwortung die Heilung für mich bedeuten würde. Ich war das Weizenkorn in der Erde, ich war die Stadt Jerusalem mit den vielen verschiedenen Stimmen in sich, ich suchte das Gespräch mit Jesus in der Nacht wie Nikodemus und ich erlebte die Hartnäckigkeit der Syrophönizierin.

Eine meiner tiefsten Ostererfahrungen machte ich, als ich aus der Perspektive eines Ölbaums erzählte, wie in Emmaus drei Männer ins Haus hineingingen, aber nur zwei herauskamen, allerdings völlig verändert: Ihre

Mienen, ihre Stimmen, ihre Schritte – alles hatte sich verändert, war »neu« geworden.

So blieb ich Jesus auf der Spur, begleitet von Sr. I. und immer wieder neugierig gemacht auf Jesus. Viele Jahre lang ließ ich, wenn es nur irgend möglich war, kein Angebot aus, das sie machte – seien es Bibelwochenenden, Bibel-und-Tanz-Tage, Bibelwanderwochen, Stille Tage, Exerzitien.

Und eines Tages fragte sie mich: »Hast du Lust, den nächsten Bibelsonntag mit mir zusammen zu leiten?« Von nun an planten wir vieles gemeinsam – und schon die Zeit der Vorbereitung war eine Lust und ein Gewinn. Wir ergänzten einander, oft hatten wir auch gleichzeitig dieselbe Idee.

Dann kam für mich die Katastrophe. Sr. I. erkrankte schwer, zwei Monate später starb sie. Dass ich sie zusammen mit ihren Mitschwestern bei ihrem Sterben begleiten durfte, war eine meiner tiefsten spirituellen Erfahrungen. Ich hatte eine große Lehrerin, eine geistliche Begleiterin, ja eine Mutter verloren. Aber ich konnte eines für sie tun: Ich konnte ihr Erbe weitergeben. Als Sr. I. im Januar 2004 starb, war das Jahresprogramm des Klosters voll von Veranstaltungen, die sie geplant hatte. Keine einzige fiel aus. Ich durfte ihren Mitschwestern helfen, alle Kurse durchzuführen – wenn auch oft genug unter Tränen.

Gleichzeitig ging ein großer Traum von mir in Erfüllung: Das, was ich gelernt hatte, hatte ich immer schon auch in meiner eigenen Kirche weitergeben wollen. Als Prädikantin war ich in meiner Ortsgemeinde sehr engagiert. Doch meine Versuche, das einzubringen, was mir so viel Gewinn bedeutete, waren gescheitert an dem Pfarrer, sei es, weil das, was da aus der katholischen Ecke kam, ihm von vornherein suspekt war, sei es weil er seine Art der Verkündigung als die einzig richtige betrachtete oder weil er mich zwar als Mentor betreuen, aber nicht umgekehrt etwas von mir übernehmen wollte. Ich versuchte es ein paar Jahre, doch Anfang 2004 verließ ich meine Gemeinde. Genau zu der Zeit hatte die evangelische Landeskirche Pfarrer Andreas Ebert mit einer halben Stelle damit beauftragt, ein spirituelles Zentrum in München zu gründen. Dort, im Spirituellen Zentrum St. Martin, fand ich Menschen, die, wie ich, das Herzensgebet pflegten, und ich fand ein Gottesdienstkonzept vor, das mir die Möglichkeit bot, alle diese Methoden, sich mit biblischen Texten zu »verwickeln«, einzubringen und anzuwenden.

Unsere »Martinsmesse« besteht aus drei Teilen, drei halben Stunden. Die erste halbe Stunde dient dem Ankommen mit einer geleiteten Meditation, in der zweiten halben Stunde »verwickeln« wir uns mit einem Text, d.h. alle Anwesenden nehmen interaktiv an der Textbegegnung teil; dabei bedienen wir uns unterschiedlicher Methoden. Im dritten Teil feiern wir das Abendmahl.

Ich bin glücklich über diese Gottesdienstform – vielen Menschen bietet sie das, was sie in traditionellen Gottesdiensten vermissen. Aber ich habe noch einen weiteren Traum, eigentlich zwei Träume. Sie haben zu diesem Buch geführt.

Der eine Traum ist, dass solche Methoden unmittelbarer Textbegegnung auch Eingang finden in die Predigt des herkömmlichen Gottesdienstes. Der andere Traum ist der vom mündigen Christen. Immer wieder fragen Menschen: »Wie kann ich auch alleine die Bibel lesen? Ich würde das gerne tun, aber wenn ich einen Abschnitt gelesen habe, weiß ich nichts damit anzufangen.« Ihnen möchten wir in diesem Buch antworten. Wir möchten Impulse und Anregungen geben, Methoden zeigen, die einen unmittelbaren Zugang zu diesem wunderbaren, hochaktuellen Buch, der Bibel, ermöglichen.

Leitfaden zum Gebrauch

Wir wollen Ihnen mit unserem Buch einen Schlüssel in die Hand geben, mit dem Sie das Haus der Bibel öffnen können: Sie werden biblischen Gestalten begegnen und mit ihnen ins Gespräch kommen, ihre Gedanken und Gefühle kennenlernen. Sie werden deren Seelenbilder und innere Landschaften betrachten. Sie werden sich mit ihnen ausruhen und mit ihnen umhergehen. Sie werden mit ihnen beten und mit ihnen zweifeln, mit ihnen suchen und mit ihnen staunen. Und plötzlich werden Sie spüren: Das bin ja überall auch ich! Das sind meine inneren Räume, meine Seelenbilder, meine Gebete und meine Fragen.

So lädt dieses Buch auf ungewohnte und ungewöhnliche Weise ein, sich einzelne Geschichten des Neuen Testaments als persönliche Lebens- und Glaubensgeschichten zu eigen zu machen und einen neuen, einen eigenen Zugang zur Bibel zu gewinnen.

Bei der Auswahl der Texte ließen wir uns von den Fragen, Themen, Problemen leiten, die heutige Menschen bewegen, umtreiben, quälen: Umgang mit Stress, Mobbing, Schuld, Abschied, Lebens- und Todesangst, Suche nach Sinn und Glück. Was uns selbst am meisten erstaunt hat: Die alten Geschichten der Bibel geben tatsächlich Antworten auf Fragen unserer Zeit, geben Lebenshilfe für Menschen des 21. Jahrhunderts, sogar ganz konkrete Tipps in Alltagssituationen.

Wir wollten aber kein »fertiges« Buch, das alle Lösungen präsentiert. Lieber wollen wir Sie mitnehmen auf die Suche nach Ihren eigenen Antworten, auf Ihre ganz eigene Entdeckungsreise durch die Erfahrungsräume der Bibel.

Überwiegend haben wir die Lutherübersetzung verwendet, einfach deshalb, weil wir damit aufgewachsen sind und uns die Sprachgewalt Luthers immer noch und immer wieder fasziniert. Die Einheitsübersetzung ist allerdings oft leichter verständlich und unseren katholischen Leserinnen und Lesern vertrauter. Darum war es uns wichtig, auch diese Übersetzung zu verwenden. Da die Schreibweise biblischer Namen in beiden Übersetzungen voneinander abweicht, finden sich auch hier im Buch mitunter unterschiedliche Schreibweisen – je nachdem, welche Übersetzung wir gerade zugrunde gelegt haben.

Zuweilen folgt auf den Bibeltext eine kurze Hinführung. Dann können Sie, liebe Leserin, lieber Leser, für sich mithilfe der Fragen und Impulse und vielfältiger Methoden auf Entdeckungsreise gehen, Türen zu den biblischen Geschichten öffnen und sich umschauen in den unterschiedlichen

Räumen der Texte. Was Sie darin finden, hängt mit Ihren Fragen, mit Ihrer persönlichen Situation und Ihrer Biografie zusammen. Es gibt dabei kein Richtig oder Falsch.

Sie können beim Gebrauch unseres Buches unterschiedlich vorgehen. Eine Möglichkeit ist, das Buch von Anfang bis Ende durchzugehen, eine andere, sich anhand des Inhaltsverzeichnisses oder auch des Methodenverzeichnisses verlocken zu lassen, hier und da eine Geschichte, ein Thema, eine interessante Methode auszuwählen. Sie finden viele Fragen und Anregungen zu den verschiedenen Bibeltexten, die an Sie persönlich gerichtet sind. Denn: Ihre Sicht der Dinge zählt. Dazu wollen wir Ihnen Mut machen.

Vielleicht reizt es Sie, sich ein Heft oder ein Buch mit leeren Seiten zu kaufen, das Sie gern zur Hand nehmen, das Sie schön finden, in das Sie mit Freude hineinschreiben und das für Sie zum spirituellen Tagebuch wird. Aber natürlich müssen Sie keine persönlichen Aufzeichnungen machen. Sie können dieses Buch auch einfach als »Lesebuch« nehmen und sich unsere Überlegungen, die wir in den »Notizblättern« aufgeschrieben haben, durch den Kopf und vielleicht auch durch das Herz gehen lassen.

Neben der persönlichen Verwendung ist das Buch auch geeignet als »Fundgrube« für die Arbeit mit Gruppen, angefangen von Tagesseminaren der Erwachsenenbildung, über Themenabende – beispielsweise in Hauskreisen – bis hin zu Firm-, Konfirmanden- oder Religionsunterrichtsstunden. Unsere methodischen Anregungen lassen sich als Arbeitsblätter verwenden oder als Grundlage für die Gestaltung von Gruppen- und Unterrichtsgesprächen. Unsere »Notizblätter« können dabei eine Hilfe bei der Unterrichts- oder Seminarplanung sein. Manche eignen sich auch dazu, in der Gruppe oder Klasse gelesen zu werden, so die Gespräche, Interviews oder Theaterstücke mit unterschiedlichen Rollen.

Wir sind uns sicher: Wer neugierig ist, wird im Haus der Bibel eine Truhe voller Überraschungen finden. Bei deren Entdeckung will dieses spirituelle Arbeitsbuch helfen.

1
ZWANG UND STRESS: LUST AUF FREIHEIT

1. Arbeitsüberlastung und Zeitdruck mindern

Sonntag – und so viel zu tun!

Sie kamen nach Kafarnaum. Am folgenden Sabbat ging er in die Synagoge und lehrte. Und die Menschen waren sehr betroffen von seiner Lehre; denn er lehrte sie wie einer, der (göttliche) Vollmacht hat, nicht wie die Schriftgelehrten.
In ihrer Synagoge saß ein Mann, der von einem unreinen Geist besessen war. Der begann zu schreien: Was haben wir mit dir zu tun, Jesus von Nazaret? Bist du gekommen, um uns ins Verderben zu stürzen? Ich weiß, wer du bist: der Heilige Gottes. Da befahl ihm Jesus: Schweig und verlass ihn! Der unreine Geist zerrte den Mann hin und her und verließ ihn mit lautem Geschrei. Da erschraken alle und einer fragte den anderen: Was hat das zu bedeuten? Hier wird mit Vollmacht eine ganz neue Lehre verkündet. Sogar die unreinen Geister gehorchen seinem Befehl. Und sein Ruf verbreitete sich rasch im ganzen Gebiet von Galiläa.
Sie verließen die Synagoge und gingen zusammen mit Jakobus und Johannes gleich in das Haus des Simon und Andreas. Die Schwiegermutter des Simon lag mit Fieber im Bett. Sie sprachen mit Jesus über sie, und er ging zu ihr, fasste sie an der Hand und richtete sie auf. Da wich das Fieber von ihr und sie sorgte für sie.

Am Abend, als die Sonne untergegangen war, brachte man alle Kranken und Besessenen zu Jesus. Die ganze Stadt war vor der Haustür versammelt, und er heilte viele, die an allen möglichen Krankheiten litten, und trieb viele Dämonen aus. Und er verbot den Dämonen zu reden, denn sie wussten, wer er war.
In aller Frühe, als es noch dunkel war, stand er auf und ging an einen einsamen Ort, um zu beten.
Mk 1,21–38 (Einheitsübersetzung)

Jesus erlebt gerade eine aufregende, stressreiche Zeit: Aus Nazaret haben ihn die empörten Menschen vertrieben, nun ist er nach Kafarnaum gekommen und verbringt dort einen äußerst anstrengenden Sabbat: Er lehrt in der Synagoge und *wie einer, der Vollmacht hat.* Er bekämpft den unreinen Geist eines Besessenen und treibt ihn aus. Danach findet er im Haus des Simon nicht etwa ein wohlvorbereitetes Mahl, sondern die kranke Schwiegermutter Simons, die hohes Fieber hat, und er heilt sie. Noch am Abend, als die Sonne untergegangen ist, bringen die Menschen ihre Kranken zu ihm, dass er sie heile, ja, *die ganze Stadt war vor der Haustür.* Das ist ein voller Tag, ein äußerst aufreibender, Kräfte raubender Tag. Aber es ist auch ein erfüllender Tag. In seinem Reden, in seinem Handeln ist Jesus in Kontakt mit dem Vater.

Hole dir einen »Stresstag«, den du kürzlich erlebt hast, in Erinnerung. Schreibe auf, was es an diesem Tag alles zu tun gab, was alles auf dich eingestürzt ist, welche Menschen etwas von dir brauchten, was du geredet, gehört, gesehen hast. Du kannst einfach ungeordnet aufschreiben, woran du dich gerade erinnerst, ohne Anspruch auf Vollständigkeit, oder du vergegenwärtigst dir deinen Tag von morgens bis abends.

Dann frag dich: Wo ist mir da Gott begegnet? Wo entdecke ich Spuren seiner Nähe? In einer Berührung, einem Wort, einem Blick oder in einem Konflikt, einem Schmerz, einer Enttäuschung. In allem darfst du Gott suchen und finden. Kreise die entsprechenden Stellen in deinen Aufzeichnungen farbig ein. Jetzt stell dir vor: Es ist Abend geworden. Welche Möglichkeiten hast du zu entspannen? Halte auch sie schriftlich fest.

Nun erst frage dich: Was tut Jesus? *In aller Frühe, als es noch dunkel war, stand er auf und ging an einen einsamen Ort, um zu beten.* Verweile bei diesem Satz. Betrachte nacheinander **einzelne Teile des Satzes**. Welche – zum Teil auch verborgenen – Botschaften kannst du heraushören? Welche Gefühle und Assoziationen lösen sie aus? Sammle sie!

- Welche Gefühle löst es in dir aus, wenn du hörst *In aller Frühe, als es noch dunkel war?*
- Welche Bilder, Assoziationen kommen dir dazu?
- Was verbirgt sich hinter den Worten *er stand auf?*
- Was verbirgt sich hinter dem Satz *er ging an einen einsamen Ort?*
- Welche Rolle spielen bei Jesus Ort und Zeit für das Gebet?
- Kannst du dir vorstellen, etwas von dem, was Jesus dir hier vorlebt, für dich zu übernehmen? Formuliere möglichst konkret, was das ist!

AUS UNSEREN NOTIZBLÄTTERN

In aller Frühe, als es noch dunkel war.

Gefühle

Ich fühle mich ausgeruht, frisch, wach. Ich genieße die Kühle, die Stille. Oder: Ich befinde mich noch in einer Art Schwebezustand zwischen Wachen und Schlafen. Die Morgendämmerung lässt die Welt noch unwirklich erscheinen, ohne klare Konturen, ohne scharfe Trennung zwischen Himmel und Erde.

Bilder und Assoziationen

Nebel, Dämmerung, erste Vogelstimmen
Ein Morgen am See / am Meer / auf dem Berg
Schweigendes Erwarten des Sonnenaufgangs
Osternacht
Das Lied »Die güldne Sonne voll Freud und Wonne«
Der Sonnengesang des Franz von Assisi
»Ich werfe meine Freude wie Vögel an den Himmel, die Nacht ist verflattert, ein neuer Tag beginnt.« (Aus einem afrikanischen Gebet)

Er stand auf.

Jesus stand auf – das lässt den Rückschluss zu, dass Jesus sich niedergelegt hatte, geschlafen hat. Er hat sich Ruhe gegönnt. Genügend Schlaf hat für den Jesuiten und Exerzitienmeister Franz Jalics oberste Priorität. Geistliches Leben setzt einen guten Umgang mit dem Körper voraus.

Er ging an einen einsamen Ort.

Er verlässt die anderen, sucht das Alleinsein. Er verlässt den Schutz des Hauses, sucht die Einsamkeit in der Natur. Er verlässt die Umgebung, in der er gearbeitet und geschlafen hat, sucht einen Ort des Gebets.

Die Rolle, die Ort und Zeit bei Jesus für das Gebet spielen

Er sucht einsame Orte auf: Berg, Wüste, den Garten Getsemane. Er betet nicht einfach »irgendwo«, es gibt Orte des Gebets. Das kann auch die Synagoge sein, der Tempel oder »das stille Kämmerlein« (Mt 6,6). Ebenso gibt es Zeiten des Gebets, den frühen Morgen, die Nacht oder das Tischgebet: »Da nahm er das Brot, dankte und brach es.«

Was könnte ich von Jesus übernehmen?

Ich suche mir eine Gebetszeit, zu der niemand mich stört: Vielleicht ist es, wie hier bei Jesus, der Morgen, wenn es noch dunkel ist, vielleicht ist es am Abend eine kurze Zeit vor dem Schlafengehen, vielleicht ist es eine halbe Stunde am Mittag, wo ich die Tür zusperren und allein sein kann oder wo ich hinausgehe.
Ich suche mir einen Gebetsort, an dem ich allein bin, ich gehe zum Beten *an einen einsamen Ort.* Das kann das »stille Kämmerlein« ebenso sein wie die Natur oder eine Kirche auf meinem täglichen Weg zur Arbeit. Das kann ein Sessel am Fenster sein, eine Kerze am Lieblingsplatz, ja, sogar die ganz bewusst genossene Dusche. Es ist wichtig, solche »einsamen Orte« zu haben.
Ich suche und gestalte in meiner Wohnung »meinen« Gebetsort.

Wir wissen nicht, was und wie Jesus an jenem Morgen gebetet hat. Aus anderen Textstellen schließen wir, dass er unterschiedliche Formen des Gebets gepflegt hat.

Am Ende dieses Buches haben wir Ihnen eine kleine Gebetsschule mit fünf Lektionen zusammengestellt (siehe S. 203ff.).

Den Bedürfnissen des Körpers nachgeben

Sie verließen die Synagoge und gingen zusammen mit Jakobus und Johannes gleich in das Haus des Simon und Andreas. Die Schwiegermutter des Simon lag mit Fieber im Bett. Sie sprachen mit Jesus über sie, und er ging zu ihr, fasste sie an der Hand und richtete sie auf. Da wich das Fieber von ihr und sie sorgte für sie.

Mk 1,29–31 (Einheitsübersetzung)

Lies zunächst langsam und sorgfältig Satz für Satz des Textes. Dann mach daraus eine **Bildergalerie**. Überlege dir: Wie viele Bilder ergäbe es, wenn du diese Geschichte als Bildergeschichte malen würdest, und was wäre auf den Bildern zu sehen? Entweder malst du tatsächlich (auch wer meint, nicht »malen« zu können, kann es leicht mit einfachen Strichmännchen versuchen) oder du gibst den einzelnen Bildern Überschriften.

Bild für Bild schaust du nun deine (echte oder virtuelle) Bildergalerie an und identifizierst dich jeweils mit der Schwiegermutter des Petrus.

- Welche Gefühle steigen auf?
- Welche Gedanken gehen dir durch den Kopf?
- Was hat das alles mit dir zu tun?
- Gibt es Parallelen bzw. Verbindungen zu deinem Leben?
- Welche Botschaft kannst du für dich formulieren?

AUS UNSEREN NOTIZBLÄTTERN

Die Bilder

BILD 1: Die Schwiegermutter liegt mit Fieber im Bett.
BILD 2: Jünger erzählen Jesus von der kranken Schwiegermutter.
BILD 3: Jesus kommt auf sie zu.
BILD 4: Jesus fasst sie bei der Hand.
BILD 5: Jesus richtet sie auf.
BILD 6: Sie ist geheilt und versorgt ihre Gäste.

Meine Gefühle und Gedanken

BILD 1: Ich sehe mich in der Schwiegermutter des Petrus. Manchmal fühle ich mich erschöpft, überanstrengt, krank. Ich will nicht immer nur für andere sorgen. Ich will nicht immer nur andere aufrichten, sondern möchte endlich einmal selbst aufgerichtet werden. Ich möchte nicht immer nur geben, sondern selbst auch etwas bekommen.

BILD 2:
- Ich empfinde das Reden über mich als eine Art Entmündigung: Ich möchte mitreden, wenn es um mich geht.
- Ich empfinde dieses Reden über mich als Fürsorge: Da sieht mich jemand, macht sich Gedanken darüber, wie es mir wieder besser gehen könnte.

BILD 3: Jesus kommt auf mich zu. Ich spüre, wie sich die Atmosphäre im Zimmer verändert, ich spüre die Kraft, die von ihm ausgeht, ich spüre seinen Blick.

BILD 4: Jesus fasst mich bei der Hand. Er legt seine ganze Aufmerksamkeit in diesen Händedruck. Es ist eine Art von Berührung, wie ich sie bisher noch nie erlebt habe. In dieser Präsenz bin auch ich ganz präsent.

BILD 5: Jesus richtet mich auf. Ich kann mich nicht selbst aufrichten. Aber ich kann mich aufrichten lassen von Jesus – äußerlich und innerlich.

BILD 6: Ich bin geheilt und versorge meine Gäste. Es ist nicht wie vorher, da habe ich einfach funktioniert. Jetzt freue ich mich, für Jesus sorgen zu können. Ich bin dieselbe wie vorher und doch verändert.

Diese Übung lässt sich auf jede biblische Geschichte anwenden. Dabei kannst du bereits durch die Wahl deiner Identifikationsfigur einiges über dich erfahren. Betrachte dazu noch einmal den ganzen Tag, an dem die Schwiegermutter des Petrus geheilt wird (Mk 1,21–34):
1. Schau auf die Szene in der Synagoge. Du könntest dich sehen in einem der Jünger, in dem Besessenen oder in einem der Anwesenden, Mann oder Frau, auch in Jesus. Angenommen, du wählst einen der Anwesenden, der beim Hören von Jesu Lehre »sehr betroffen« ist. Was sagt dir das über dich, über deine religiöse Sehnsucht, über deine augenblickliche Gottesbeziehung?
2. Schau auf das Bild vom Haus des Simon und Andreas am Abend des Tages. Die Einwohner von Kafarnaum bringen ihre Kranken zu Jesus, die ganze Stadt ist vor dem Haus versammelt. Bist du ein Kranker oder ein Angehöriger? Welche Schlüsse ziehst du aus deiner Wahl?

1. Ich bin einer der Anwesenden.
Ich bin ein »Anwesender«. Ich bleibe nicht zu Hause sitzen, sondern habe mich aufgemacht – dorthin, wo etwas geschieht, wo Gottesbegegnung stattfinden kann. Ich gehöre nicht zu dem inneren Kreis um Jesus. Ich ziehe es vor, mir alles immer erst einmal aus der Distanz anzusehen und mich nicht sofort ganz einzulassen. Aber ich höre ihm zu, schaue ihm zu. Was er sagt und tut, lässt mich nicht gleichgültig. Im Gegenteil, es bringt mein ganzes bisheriges Denken durcheinander. Hier lehrt einer nicht nur mit Worten, sondern auch durch sein Handeln. Was ich erlebe, erfüllt mich mit Entsetzen, das wird mich so schnell nicht loslassen.

2. Ich schaue auf das Bild vom Haus des Simon und Andreas am Abend.

- Ich bin ein Kranker: Ich als Kranker kann mich nicht mehr selbst auf den Weg machen. Aber ich habe Menschen, die sich um mich kümmern. Sie haben mich vor dieses Haus gebracht. Ich schaue hin zu Jesus.
- Ich bin ein Angehöriger: Ich als Angehöriger habe Menschen, um die ich mich sorge. Ich suche nach Möglichkeiten, ihnen zu helfen, bringe sie zu Jesus. Es kann auch sein, dass ich in Gestalt dieses Kranken einen kranken Anteil von mir zu Jesus bringe und ihn für mich um Heilung bitte.

Lasst euch unterbrechen!

Die Apostel versammelten sich wieder bei Jesus und berichteten ihm alles, was sie getan und gelehrt hatten. Da sagte er zu ihnen: Kommt mit an einen einsamen Ort, wo wir allein sind, und ruht ein wenig aus. Denn sie fanden nicht einmal Zeit zum Essen, so zahlreich waren die Leute, die kamen und gingen.
Mk 6,30–33 (Einheitsübersetzung)

Die **Identifikation** mit einer Gestalt der Geschichte hilft dir, ganz hineinzugehen in das Geschehen und darin Eigenes zu erkennen.
1. Stell dir vor, du bist einer der Apostel, die sich bei Jesus versammeln, bist ganz erfüllt von dem, was du erlebt und im Namen Jesu geschafft hast – du

hast gepredigt, geheilt, böse Geister ausgetrieben. Du warst bevollmächtigt, das zu tun, was sonst Jesus vorbehalten war. Das heißt, du hast Macht und Ansehen gehabt. Welche Gefühle löst die Erinnerung an diese Erlebnisse in dir aus? Schließ die Augen und lass diese Gefühle in dir aufsteigen.
2. Nun bist du zusammen mit den anderen Aposteln wieder bei Jesus und ihr erzählt ihm alles. Wieso bist du so beseelt von dem Wunsch, Jesus von allem zu erzählen?
3. Stell dir die nächste Szene vor. Du bist immer noch einer der Apostel. Wo stehst du jetzt? Achte auf deine Körperhaltung, deine Gesten, deine Mimik. Schau dir auch die vielen Menschen an, die um euch herumstehen – alle haben sie ihre Erwartungen, Hoffnungen, Ängste. Eigentlich könntet ihr gleich weiterarbeiten. Doch Jesus unterbricht euch – er unterbricht euren Tatendrang und euren Redeschwall, indem er sagt: *Kommt mit an einen einsamen Ort, wo wir allein sind, und ruht ein wenig aus.* Was geht jetzt in dir vor? Was löst diese Aufforderung in dir aus?
4. Du steigst mit Jesus und den anderen in ein Boot und hängst deinen Gedanken nach: Wie wird es sein an dem einsamen Ort? Was werdet ihr tun? Worüber werdet ihr reden? Werdet ihr euch gemeinsam freuen können über eure Erfolge? Oder werdet ihr eure Erfolge im Schweigen vor Gott genießen? Werdet ihr feiern oder beten? Wie wird es eurer Gemeinschaft in der Einsamkeit ergehen?
5. Du verlässt jetzt deine Rolle als Apostel und kommst zurück in deine Welt. Hat Jesus in vergleichbaren Lebenssituationen auch schon zu dir gesprochen: Komm mit an einen einsamen Ort und ruh ein wenig aus? Hat er dich schon einmal durch Menschen oder Ereignisse wie eine Krankheit, ein überraschendes Angebot zum Ausspannen aus deinen Aktivitäten herausgeholt und an den einsamen Ort in die Ruhe geschickt? Vergegenwärtige dir, wie das war. Erinnere dich an dein damaliges Lebensgefühl.

1. Ich bin begeistert von mir und von Jesus. Nie hätte ich gedacht, dass ich so etwas kann. Freilich geschah alles, was ich leistete, in seinem Namen. Aber mich haben die Menschen bewundert, gerühmt, mir haben sie gedankt. Das war ein erhebendes Gefühl.
2. Jesus soll wissen, was in seinem Namen geschehen ist. Ich möchte, dass er stolz auf mich ist, mich lobt und weiter anspornt.
3. Ich fühle mich »ausgebremst«, so vieles hätte ich noch zu berichten gehabt. Aber dazu ist keine Zeit. Schon wieder drängen Menschen herbei. Ich möchte ihnen helfen. Da sagt Jesus, wir sollen ausruhen. Ich verstehe ihn nicht. Jetzt an einen einsamen Ort gehen? Ich habe Angst davor, ins Leere zu fallen, melancholisch zu werden.
4. Unterwegs auf dem Wasser beginne ich, Gefallen an Jesu Idee zu finden, mit ihm in die Einsamkeit zu gehen. Ich freue mich jetzt auf die bevorstehende Erholung, die Zeit mit Jesus. Es ist für unsere Gemeinschaft so wichtig, ihn einmal ganz für uns allein zu haben.

Der **Vergleich zweier Bibelstellen** mit scheinbar gleicher Aussage hilft, die feinen Unterschiede aufzudecken und den Blick zu weiten für neue Antworten.

In Mk 6 ist wie in Mk 1,35 von einem »einsamen Ort« zu lesen. Ein Vergleich dieser beiden Bibelstellen zeigt einige wesentliche Möglichkeiten, Stress abzubauen.

- *Da sagte er zu ihnen: Kommt mit an einen einsamen Ort, wo wir allein sind, und ruht ein wenig aus (Mk 6,31).*
- *In aller Frühe, als es noch dunkel war, stand er auf und ging an einen einsamen Ort, um zu beten (Mk 1,35).*

Vergleiche die Textstellen und ziehe deine Rückschlüsse. Eine Hilfe zum Vergleich sind folgende Fragen:

- Wie viele Menschen gehen an die einsame Stätte?
- Wie kommt es dazu, dass jemand die einsame Stätte aufsucht? Gibt es dafür Anstöße, Hilfen von außen?
- Wann wird die einsame Stätte aufgesucht?

Wie viele Menschen gehen an die einsame Stätte?

- Jesus geht *alleine* an die einsame Stätte.
- Die Jünger sollen sie *gemeinsam* aufsuchen.

Das heißt: Manchmal ist es wichtig, dass ich mich ganz alleine zum Gebet zurückziehe in die Einsamkeit. Manchmal braucht aber auch eine ganze Gruppe, die gemeinsam an einer Sache intensiv gearbeitet hat, gemeinsam den Rückzug, die Ruhe an einer »einsamen Stätte«.

Wie kommt es dazu, dass jemand die einsame Stätte aufsucht?

- Jesus spürt selbst das Bedürfnis nach Einsamkeit, nach Verbindung mit dem Vater, nach Rückzug.
- Die Jünger spüren dieses Bedürfnis nicht. Sie wirken geradezu »überdreht«. Sie brauchen jemanden, der ihnen sagt: Stopp! So geht es nicht weiter. Jetzt braucht ihr eine Zeit der Ruhe.

Wer vor lauter Arbeit und Geschäftigkeit nicht mehr wahrnimmt, dass eine Auszeit notwendig ist, braucht einen Menschen, der zur Ruhe mahnt, oder ein Ereignis von außen, das ihn zur Besinnung bringt.

Wann wird die einsame Stätte aufgesucht?

- Nach einem sehr anstrengenden Tag hatte Jesus sich zur Ruhe gelegt und geschlafen. Dann, am frühen Morgen, vor Tagesanbruch steht er auf und geht hinaus an einen einsamen Ort.
- Die Jünger werden nach einer längeren Zeit intensiver Aktivität in die Einsamkeit geschickt – vermutlich am Ende eines Tages.

Die Zeit des Rückzugs muss nicht unbedingt der frühe Morgen sein. Jeder wird für sich selbst herausfinden, welches die richtige Zeit ist. Worauf es ankommt, ist der heilsame wohltuende Rhythmus zwischen Aktivität und Ruhe, den wir sowohl bei Jesus als auch bei den Jüngern finden.

Was Jesus hier lehrt, ist eine Kultur der Verlangsamung. Wie kann seine Einladung, gemeinsam an eine einsame Stätte zu gehen und ein wenig auszuruhen, konkret umgesetzt werden? Freilich kommt als erster Gedanke wahrscheinlich: Gottesdienst, Gebetskreise oder Meditationsgruppen. Aber diese Geschichte ist auch eine Botschaft an alle Arbeitsgruppen, Gremien, Ausschüsse und Mitarbeiterkreise, an Kirchen, Vereine und Betriebe: Schickt eure Leute ab und zu gemeinsam an einen Ort der Ruhe, der Entspannung. Es muss nicht lange sein – aber »ein wenig« sollten sie auch einmal ausruhen.

Suche nach weiteren Möglichkeiten der Verlangsamung und Entschleunigung, zunächst einmal ganz unabhängig von der Frage, ob sich das auch verwirklichen lässt und ob die Leute das überhaupt wollen. Hier einige Vorschläge:

- Eine Sitzung mit einer gemeinsamen Zeit der Stille, einer **Schweigeminute**, beginnen. In dieser Zeit versuchen, loszulassen, was einen beschäftigt, loszulassen, was es zu diskutieren gilt, und sich auf Gott auszurichten, sich ganz bewusst dem Wirken des Heiligen Geistes zu öffnen.
- Auch während der Sitzung kann die heißeste Diskussion unterbrochen werden, um Raum zu schaffen für den Geist Gottes. Gerade wenn Meinungen und Interessen aufeinanderprallen und es laut, hitzig, konfliktgeladen wird, sagt jemand: »Stopp! Halt! Lasst uns fünf Minuten schweigen.« Dann halten alle eine Stille von fünf Minuten – jedoch nicht, um sich neue und noch bessere Argumente zu überlegen, sondern um auf Gott zu horchen.
- Eine Variante ist der **Pausengong**, der während eines Seminars, einer Fortbildung, einer Konferenz zu jeder vollen Stunde ertönt und zu einer Schweigeminute aufruft.

2. Regeln, Vorschriften, Gesetzen das rechte Maß geben

Anstoß in Kauf nehmen

Darauf verließ er sie und ging in ihre Synagoge. Dort saß ein Mann, dessen Hand verdorrt war. Sie fragten ihn: Ist es am Sabbat erlaubt zu heilen? Sie suchten nämlich einen Grund zur Anklage gegen ihn. Er antwortete: Wer von euch wird, wenn ihm am Sabbat sein Schaf in die Grube fällt, es nicht sofort wieder herausziehen? Und wie viel mehr ist ein Mensch wert als ein Schaf! Dann sagte er zu dem Mann: Streck deine Hand aus! Er streckte sie aus und die Hand war wieder ebenso gesund wie die andere. Die Pharisäer aber gingen hinaus und fassten den Beschluss, Jesus zu töten.
Mt 12,9–14 (Einheitsübersetzung)

Am Sabbat lehrte Jesus in einer Synagoge. Dort saß eine Frau, die seit achtzehn Jahren krank war, weil sie von einem Dämon geplagt wurde; ihr Rücken war verkrümmt und sie konnte nicht mehr aufrecht gehen. Als Jesus sie sah, rief er sie zu sich und sagte: Frau, du bist von deinem Leiden erlöst. Und er legte ihr die Hände auf. Im gleichen Augenblick richtete sie sich auf und pries Gott. Der Synagogenvorsteher aber war empört darüber, dass Jesus am Sabbat heilte, und sagte zu den Leuten: Sechs Tage sind zum Arbeiten da. Kommt also an diesen Tagen und lasst euch heilen, nicht am Sabbat!
Lk 13,10–14 (Einheitsübersetzung)

Als Jesus an einem Sabbat in das Haus eines führenden Pharisäers zum Essen kam, beobachtete man ihn genau. Da stand auf einmal ein Mann vor ihm, der an Wassersucht litt. Jesus wandte sich an die Gesetzeslehrer und die Pharisäer und fragte: Ist es am Sabbat erlaubt zu heilen oder nicht? Sie schwiegen. Da berührte er den Mann, heilte ihn und ließ ihn gehen.
Lk 14,1–4 (Einheitsübersetzung)

Versuche ein **Interview mit Jesus.** Halte es schriftlich fest. Du kannst dafür folgende Impulsfragen benützen:

Jesus, du hast viele Menschen geheilt. Mir fällt auf, dass diese Heilungen oft am Sabbat stattgefunden haben.

1. Gibt es dafür besondere Gründe?
2. Kannst du uns etwas über dein Sabbatverständnis sagen?
3. Hättest du bei deinen Heilungen nicht auch etwas dezenter vorgehen können? Wieso provozierst du die gläubigen Juden deiner Zeit, die Heilungen am Sabbat nur dann zulassen, wenn Lebensgefahr besteht?
4. Jesus, du musstest damit rechnen, angegriffen zu werden. Wie reagierst du auf diese Angriffe?
5. Du hast dich nicht beirren lassen in deiner Absicht, durch deine Heilungen das Reich Gottes zu verkündigen. Du hast dich über Vorschriften hinweggesetzt und einen Konflikt riskiert. Auch ich kenne Situationen, in denen ich Vorschriften als lebensfeindlich empfinde. Was kann ich da von dir übernehmen?

AUS UNSEREN NOTIZBLÄTTERN

Interview mit Jesus

Jesus, du hast viele Menschen geheilt. Mir fällt auf, dass diese Heilungen oft am Sabbat stattgefunden haben. Gibt es dafür besondere Gründe?

Ja. Das habe ich ganz bewusst getan – allerdings nicht in erster Linie, um zu provozieren, wie mir oft nachgesagt wird. Ich wollte damit meine Botschaft verkünden: die Botschaft von einem Gesetz, das für den Menschen da ist, ihn zum Leben bringt und nicht zum Tod. Und häufig predigt man eindrucksvoller durch Taten als durch Worte.

Kannst du uns etwas über dein Sabbatverständnis sagen?

Ich habe es ja schon gesagt: Der Sabbat ist für den Menschen da. Er ist ein Geschenk Gottes an den Menschen. Nicht Druck soll er machen, sondern Freiheit schenken und Freude und Leben.

Hättest du bei deinen Heilungen nicht auch etwas dezenter vorgehen können? Wieso provozierst du die gläubigen Juden deiner Zeit?

Provokation lässt sich nicht immer vermeiden. Sie hat auch etwas Positives. Sie regt an zum Nachdenken, Diskutieren, Umdenken. »Dezent« vorzugehen war noch nie meine Art.

Jesus, du musstest damit rechnen, angegriffen zu werden. Wie reagierst du auf diese Angriffe?

Wer Stellung bezieht, riskiert immer Angriffe. Ich bin das gewohnt. Ich halte sie aus, ich stelle mich ihnen. Niemals würde ich schweigen, passiv bleiben, nur um nicht angegriffen zu werden.

Du hast dich nicht beirren lassen in deiner Absicht, durch deine Heilungen das Reich Gottes zu verkündigen. Du hast dich über Vorschriften hinweggesetzt und einen Konflikt riskiert. Auch ich kenne Situationen, in denen ich Vorschriften als lebensfeindlich empfinde. Was kann ich da von dir übernehmen?

Zunächst ist es wichtig, grundsätzlich Gottes Gebote anzuerkennen und sich nicht selbst zum Maß aller Dinge zu machen. Damit würdest du gegen das erste Gebot verstoßen und dich selbst zu Gott machen.
Danach geht es an die Umsetzung der Gebote. Hier gilt es jeweils neu sich zu entscheiden, abzuwägen. Es gibt keine starren Richtlinien. Der einzige Maßstab, den es gibt, ist das Doppelgebot der Liebe: Du sollst Gott, deinen Herrn, lieben und deinen Nächsten wie dich selbst.
Versteck dich nicht mit deinem Verhalten. Dann wirst du auch Unterstützung und Verständnis bei anderen finden.
Wenn du Angst hast vor dem Konflikt, mach dir klar: Es geht nicht um dich. Es geht letzten Endes immer um das Reich Gottes.

Ein Beispiel für gelebte Nachfolge Jesu, für beherztes Durchbrechen von vermeintlich unumstößlichen Vorschriften lieferte der damalige Kardinal Joseph Ratzinger im Jahre 2005 bei der Trauerfeier für den verstorbenen Papst Johannes Paul II. Er reichte dem Protestanten Frère Roger als einem der Ersten die heilige Kommunion. Hunderttausende wurden auf dem Petersplatz in Rom Zeugen dieser bewegenden Geste.

Gegen Kleinkrämerei

An einem Sabbat ging er durch die Kornfelder, und unterwegs rissen seine Jünger Ähren ab. Da sagten die Pharisäer zu ihm: Sieh dir an, was sie tun! Das ist doch am Sabbat verboten. Er antwortete: Habt ihr nie gelesen, was David getan hat, als er und seine Begleiter hungrig waren und nichts zu essen hatten – wie er (...) in das Haus Gottes ging und die heiligen Brote aß, die außer den Priestern niemand essen darf, und auch seinen Begleitern davon gab? Und Jesus fügte hinzu: Der Sabbat ist für den Menschen da, nicht der Mensch für den Sabbat.

Mk 2,23–28 (Einheitsübersetzung)

In der **Identifikation mit dem Pharisäer** stellst du dir vor, dass du deine Gedanken zum Geschehenen einem anderen gegenüber äußerst.

Du bist jetzt einer der Pharisäer. Du kennst die heiligen Schriften, du lebst in der Tradition deiner Väter, du achtest die Gebote, hältst Gebetszeiten ein, gibst den Zehnten, bist ehrlich in deinen Geschäften. Das alles ist dir sehr wichtig. Du möchtest ein gottgefälliges Leben führen. Und du möchtest, dass auch die anderen es tun. Die kurze Begegnung mit Jesus hat dich nachdenklich gestimmt. Am Abend des Tages erzählst du einem Freund, was dich bewegt.

Wo hast du die Erfahrung gemacht, dass du dich durch Konventionen, Regeln, Vorschriften einengen lässt, sodass dir und anderen Lebensfreude genommen wird? Erinnere dich an eine Situation und suche Möglichkeiten, nach dem Vorbild Jesu zu reagieren: Er feiert das Leben. Er tut es öffentlich. Er heilt den Buchstaben des Gesetzes mit dem Geist des Gesetzes. Das heißt: Er geht in den Konflikt, aber nicht in die Konfrontation. Er öffnet neue Denk- und Handlungsmöglichkeiten, ohne die Zehn Gebote außer Kraft zu setzen.

Ein Pharisäer erzählt seinem Freund

Du hast ja miterlebt, was heute geschehen ist. Das hat mich völlig durcheinandergebracht. Dieser Rabbi Jesus hat mich verwirrt. Zunächst war mir noch alles klar: Ährenraufen ist Arbeit. Arbeit ist am Sabbat verboten. Also haben seine Freunde gegen das Gebot verstoßen. Aber dann kam er mit der Geschichte von David und den Schaubroten. Und er hat recht. Andrerseits frage ich mich: Was maßt er sich an? Er ist nicht David. Wo kämen wir hin, wenn jeder für sich ein Sonderrecht in Anspruch nähme? »Der Sabbat ist für den Menschen da«, hat er gesagt. Was wollte Gott mit dem Sabbat? Warum hat er ihn uns geschenkt? Er will, dass es uns gut geht, dass wir ruhen dürfen, uns erholen, dass wir einen Feier-tag haben. Feiern bedeutet, es sich an Leib und Seele gut gehen lassen. Das haben sie getan. Aber wo kommen wir hin, wenn jeder für sich bestimmt, was »Feiertag« bedeutet? Das bestimmen unsere Gebote. Sonst wird ja alles beliebig. Und dennoch, gegen das höchste Gebot, Gott und den Nächsten lieben, hat dieser Rabbi noch nie verstoßen, auch nicht mit dieser Handlung. Ich weiß nicht mehr, was ich denken soll.

3. Sich gegen Mobbing wehren

Die Kunst des aufrechten Gangs

So kam er auch nach Nazaret, wo er aufgewachsen war, und ging, wie gewohnt, am Sabbat in die Synagoge. Als er aufstand, um aus der Schrift vorzulesen, reichte man ihm das Buch des Propheten Jesaja. Er schlug das Buch auf und fand die Stelle, wo es heißt:

Der Geist des Herrn ruht auf mir; denn der Herr hat mich gesalbt.
Er hat mich gesandt, damit ich den Armen eine gute Nachricht bringe;
damit ich den Gefangenen die Entlassung verkünde
und den Blinden das Augenlicht;
damit ich die Zerschlagenen in Freiheit setze
und ein Gnadenjahr des Herrn ausrufe.

Dann schloss er das Buch, gab es dem Synagogendiener und setzte sich. Die Augen aller in der Synagoge waren auf ihn gerichtet. Da begann er ihnen darzulegen: Heute hat sich das Schriftwort, das ihr eben gehört habt, erfüllt. Seine Rede fand bei allen Beifall, sie staunten darüber, wie begnadet er redete, und sagten: Ist das nicht der Sohn Josefs? Da entgegnete er ihnen: Sicher werdet ihr mir das Sprichwort vorhalten: Arzt, heile dich selbst! Wenn du in Kafarnaum so große Dinge getan hast, wie wir gehört haben, dann tu sie auch hier in deiner Heimat! Und er setzte hinzu: Amen, das sage ich euch: Kein Prophet wird in seiner Heimat anerkannt. Wahrhaftig, das sage ich euch: In Israel gab es viele Witwen in den Tagen des Eljia, als der Himmel für drei Jahre und sechs Monate verschlossen war und eine große Hungersnot über das Land kam. Aber zu keiner von ihnen wurde Eljia gesandt, nur zu einer Witwe in Sarepta bei Sidon. Und viele Aussätzige gab es in Israel zur Zeit des Propheten Elischa. Doch keiner von ihnen wurde geheilt, nur der Syrer Naaman. Als die Leute in der Synagoge das hörten, gerieten sie alle in Wut. Sie sprangen auf und trieben Jesus zur Stadt hinaus; sie brachten ihn an den Abhang des Berges, auf dem ihre Stadt erbaut war, und wollten ihn hinabstürzen. Er aber schritt mitten durch die Menge hindurch und ging weg.

Lk 4,16–30 (Einheitsübersetzung)

Dieser Text eignet sich gut für eine **Imaginationsübung**. Dabei stelle ich mir die Geschichte vor, ich sehe das, was sich abspielt, vor meinem inneren Auge. Danach versuche ich die Geschichte als meine eigene zu erleben, zu sehen, nachzuspüren.

Lies die Geschichte (mehrmals) langsam und genau. Dann schließ die Augen und stell dir alles vor, was sich da abspielt:

- Was tut Jesus in der Synagoge?
- Wie reagieren die Menschen auf ihn?
- Wie reagiert er auf seine Angreifer?

Falls du Schwierigkeiten hast, dir alles genau zu merken, kannst du bei der Imagination auch Satz für Satz vorgehen: Du liest einen Satz, schließt dann die Augen und lässt das Gelesene vor deinem Inneren entstehen.

AUS UNSEREN NOTIZBLÄTTERN

Ich sehe vor meinem inneren Auge, was Jesus erlebt:
Ich schaue Jesus an, wie er da in der Synagoge steht, das Buch des Propheten Jesaja in der Hand. Ich höre ihn, wie er mit klarer Stimme vorliest. Als er sich setzt, um die Schrift auszulegen, ist es ganz still. Ich spüre, dass eine große Autorität von ihm ausgeht. Spannung liegt in der Luft. Dann höre ich seine Worte: *Heute hat sich das Schriftwort, das ihr eben gehört habt, erfüllt.*
Auf den Gesichtern der Menschen spiegelt sich Staunen, Wohlgefallen, aber auch Unverständnis, Abwehr, Unglauben. Manche schütteln die Köpfe.
Dann spricht Jesus weiter, mit fester Stimme und verhaltenem Zorn: Das war schon immer so bei euch, dass man dem Propheten in seiner Heimat nicht glaubt, dass der Prophet in seiner Heimat nichts gilt und dass er sich darum den Fremden zuwendet!
Seine Worte schaffen klare Verhältnisse, versetzen aber viele in Wut. Ich sehe, wie Jesus bedrängt wird von zornerfüllten Menschen. Aufrecht steht er da, er scheint keine Angst zu haben. Er schweigt jetzt und wartet.
Ihre Verfolgung wird handgreiflich, ja lebensgefährlich. Sie treiben ihn aus der Synagoge, stoßen ihn hinaus aus der Stadt. Er lässt es ohne Widerstand geschehen. Dort draußen wollen sie ihn hinabstürzen vom Berg.
Schon steht er am Berghang. Die Stimmung ist aufgeladen. Er ist in höchster Gefahr. Da dreht er sich um. Er schaut keinen seiner Angreifer an. Langsam, aber mit festen Schritten geht er mitten durch sie hindurch. Und das Unglaub-

liche geschieht: Sie weichen zur Seite. Ohne etwas zu sagen, voller Souveränität und Selbstbewusstsein geht er *mitten* durch sie hindurch weg, umzingelt von den Angreifern, mit sicherem Schritt und erhobenem Haupt.

Erlebe das Geschehen jetzt als *deine* Geschichte: Lass das Geschehen noch einmal vor deinem inneren Auge entstehen und sieh dich selbst an der Stelle Jesu. Du siehst, wie die wütenden Menschen aufspringen. Du erlebst, wie sie dich zur Stadt hinaustreiben, wie du schließlich am Abhang stehst und das Gefühl hast, gleich hinuntergestoßen zu werden. Halte, solange es geht, diese Bedrohung aus: hinter dir die wütende Menge, vor dir der Abgrund. Dann schau dir zu, wie du dich langsam umdrehst und, den Blick in die Ferne gerichtet, mit erhobenem Haupt langsam mitten durch sie hindurchgehst. Sie weichen zurück, lassen dich gehen. Deine Schritte sind fest, ohne Eile.

Gehe nun für dich folgenden Fragen nach:

- Was kommt dir an der Situation, die Jesus erlebt, bekannt vor?
- Wie reagierst du auf zornerfüllte Stimmen?
- Wie reagiert Jesus?
- Was heißt das, was Jesus mit seiner Reaktion sagt, für dich?
- Wie beendet Jesus die Situation?

AUS UNSEREN NOTIZBLÄTTERN

Was kommt mir bekannt vor?
Ich kenne das auch, dass andere sagen: Was glaubst du denn, wer du bist? Spiel dich nicht so auf, mach dich nicht so wichtig. Oder es ist so, dass diese Stimmen in mir sind: Sobald ich glaube, etwas »Besonderes« zu sein, sobald ich mich für wichtig und wertvoll halte, sagen sie: Wer bist du schon? Was kannst du schon?

Wie reagiere ich auf solche zornerfüllte Stimmen?
Ich werde unsicher, ängstlich, ziehe mich zurück. – Ich werde aggressiv, ärgerlich. – Ich resigniere. – Ich versuche alles Mögliche, um Sympathie zu gewinnen, um auf- und angenommen zu werden. – Ich beschließe, mich noch mehr anzustrengen, um zu beweisen, dass ich jemand bin, dass ich etwas kann.

Wie reagiert Jesus?
Er spricht ein klares Wort. Ja, ich bin etwas Besonderes. Ja, ich bin ein Prophet. Er entlarvt die noch unterschwellige Ablehnung: Kein Prophet gilt etwas in seinem Vaterland. An Beispielen aus ihrer eigenen Geschichte macht er seinen Zeitgenossen deutlich, wozu das führt: dass sich ihre Propheten Fremden zuwenden. (Sowohl Elija als auch sein Nachfolger Elischa haben Menschen gerettet, die nicht zu ihren Landsleuten zählten, die Witwe aus Sarepta und den Hauptmann aus Syrien.)

Was heißt das, was Jesus mit seiner Reaktion sagt, für mich?
1. Mach dich nicht klein, wenn andere dich erniedrigen, demütige dich nicht, indem du ihre Gunst zu gewinnen suchst – sie werden es nur ausnützen. Steh dazu, wer du bist, was du bist. Sag Ja zu dir und zu dem, was du kannst, und trage den Kopf hoch!
2. Vielleicht stellst du fest, dass die Wurzel der Angriffe und Anfeindungen, denen du ausgesetzt bist, Neid ist. Dann mach dir – und auch anderen – das immer wieder klar. Mach das Problem, das die anderen haben, nicht zu deinem. Bediene dich, wenn möglich, ihrer eigenen Argumente, berufe dich auf »Autoritäten«, die ihnen etwas bedeuten.
3. Halte Ausschau nach Menschen, die dich »aufnehmen«. Vielleicht sind es »Fremde« – jemand, der am Rande oder außerhalb einer Gruppe steht, jemand, der nicht dazugehört, der dich vielleicht braucht und den du brauchst. Wenn der Druck zu groß wird, die Anfeindung zu heftig, hör irgendwann auf zu argumentieren. Geh zu denen, bei denen du willkommen bist.

Wie beendet Jesus die Situation?
Jesus wendet sich von ihnen ab, jedoch nicht, indem er flieht, davonrennt. Ohne etwas zu sagen, voller Souveränität und Selbstbewusstsein geht er – nicht zur Seite, nicht möglichst schnell von ihnen fort, sondern *mitten* durch sie hinweg.

Die letzte und entscheidende Szene der Geschichte kannst du in einer **Gehmeditation** verinnerlichen. Beim langsamen Nachgehen des Weges Jesu stellst du dir vor, welche Menschen oder welche inneren Stimmen dich bedrängen. Die »Angreifer« können ja auch in dir sein, Persönlichkeitsanteile von dir, deine Unsicherheit, deine hohen Ansprüche an dich selbst, deine Ängste. Es können Botschaften sein, die du immer wieder zu hören bekommen hast und die dich gnadenlos verfolgen: »Das schaffst du nie!« »Nimm dich nicht so wichtig!« »Du brauchst viel zu lange!« »Nimm dich zusammen!« »Sei nicht so empfindlich/überheblich/ängstlich« usw.

Nimm dir Zeit, diese äußeren oder inneren Angreifer anzuschauen, anzuhören, näher kommen zu lassen. Du hörst, wie sie lauter werden, spürst, wie sie dich einkreisen, bleibst schließlich stehen und hältst ihre einengende Nähe aus. Wenn es dir möglich ist, stellst du dir vor, unmittelbar vor einem Abgrund zu stehen, in den sie dich stürzen wollen. Dann wende dich bewusst von ihnen ab, hebe langsam den Kopf, straffe die Schultern, richte den Blick in die Weite, mache langsam, aber entschieden den ersten Schritt, dann den zweiten und schreite mitten durch die zurückweichenden »Stimmen« hindurch. Geh noch eine ganze Weile und genieße die neu gewonnene Freiheit.

Die Übung lässt sich ebenso gut im Sitzen machen. Dabei stellst du dir die Szene vor, erlebst sie auf einer inneren Bühne. Die Freiheit am Ende kostest du in tiefen, regelmäßigen Atemzügen aus.

Die Kunst der dritten Möglichkeit

Am frühen Morgen begab er sich wieder in den Tempel. Alles Volk kam zu ihm. Er setzte sich und lehrte es. Da brachten die Schriftgelehrten und Pharisäer eine Frau, die beim Ehebruch ertappt worden war. Sie stellten sie in die Mitte und sagten zu ihm: Meister, diese Frau wurde beim Ehebruch auf frischer Tat ertappt. Mose hat uns im Gesetz vorgeschrieben, solche Frauen zu steinigen. Nun, was sagst du? Mit dieser Frage wollten sie ihn auf die Probe stellen, um einen Grund zu haben, ihn zu verklagen. Jesus aber bückte sich und schrieb mit dem Finger auf die Erde. Als sie hartnäckig weiterfragten, richtete er sich auf und sagte zu ihnen: Wer von euch ohne Sünde ist, der werfe als Erster einen Stein auf sie. Und er bückte sich wieder und schrieb auf die Erde. Als sie seine Antwort gehört hatten, ging einer nach dem anderen fort, zuerst die Ältesten. Jesus blieb allein zurück mit der Frau, die noch in der Mitte stand. Er richtete sich auf und sagte zu ihr: Frau, wo sind sie geblieben? Hat dich keiner verurteilt? Sie antwortete: Keiner, Herr. Da sagte Jesus zu ihr: Auch ich verurteile dich nicht. Geh und sündige von jetzt an nicht mehr.

Joh 8,2–11 (Einheitsübersetzung)

An dieser Erzählung aus dem Johannesevangelium wird besonders deutlich, wie sehr es uns oft weiterhilft, wenn wir den **Kontext ansehen**, in dem eine Geschichte steht. Bevor wir deshalb einsteigen in das Geschehen im Tempel, blicken wir auf das, was vorher war:

- Lies Joh 7,37–52! Hier wird der Tag vor dem Geschehen beschrieben. Stell dir die Personen, von denen hier die Rede ist, vor. Wo befinden sie sich? Wie ist ihre Körperhaltung? Was sagen sie? In welcher Gemütsverfassung sind sie?
- Lies die Verse Joh 7,53 und 8,1. Was sagen die beiden kurzen Sätze über das Verhalten/den Lebensstil Jesu einerseits, der Menschen in Jerusalem andererseits?
- Was können wir daraus über den Umgang mit Mobbing lernen?

AUS UNSEREN NOTIZBLÄTTERN

Der Vortag (Joh 7,37–52)
Die Menschen sind aufgewühlt und aufgeregt. Ich stelle mir vor, dass in Jerusalem ein ziemliches Durcheinander herrscht – Menschengedränge, lautstarke Auseinandersetzungen. Viele gestikulieren heftig und diskutieren aufgeregt miteinander. Die einen sind begeistert von Jesus, glauben an ihn. Die anderen sind skeptisch, zweifeln, fragen, reden verächtlich von Jesus. Das Volk ist in Aufruhr, die Gerichtsdiener scheuen sich einzugreifen, die Schriftgelehrten und Pharisäer verachten das Volk, verfluchen es, sind untereinander uneinig – Nikodemus will Gerechtigkeit walten lassen, die anderen möchten mit Gewalt Ruhe herstellen.

Die Lebensgestaltung (Joh 7,53 und 8,1)
Die Menschen in Jerusalem gehen zur Tagesordnung über. Nach dem aufregenden Tag gehen sie nach Hause, kehren in den »normalen« Alltag zurück, nehmen ihre häuslichen Aufgaben und Pflichten wieder auf.
Jesus geht zum Ölberg – das heißt, er zieht sich zurück in die Einsamkeit, ins Gebet, nimmt Kontakt auf mit dem Vater.

Was kann ich daraus über den Umgang mit Mobbing lernen?
Jesus muss damit rechnen, dass die Konflikte am kommenden Tag weitergehen werden, ja, dass sie sich verschärfen werden. Denn die Pharisäer und Schriftgelehrten werden etwas gegen ihn unternehmen, werden ihn unter Druck set-

zen, werden versuchen, ihm eine Falle zu stellen, ihn mit allen Mitteln zu vertreiben.
Statt diesen drohenden Konflikten aus dem Weg zu gehen, bereitet Jesus sich darauf vor. Er bereitet sich auf die Auseinandersetzung vor, indem er sich zurückzieht und betet. Das heißt, es ist entscheidend, mit welcher inneren Haltung ich in so eine Situation gehe. Wenn ich mich anfülle mit dem Psalmwort »Auf Gott will ich hoffen und mich nicht fürchten, was können mir Menschen tun?« (Ps 56,5) werde ich anders reagieren, als wenn ich von angstvollen Gedanken und banger Erwartung erfüllt bin. Wenn ich aus dem Gebet und der Verbindung mit Gott komme, werde ich anders reagieren, als wenn ich aus dem ganz »normalen« Alltag komme.

Nun wenden wir uns der eigentlichen Geschichte zu und erfahren sie ganz unmittelbar über eine Körperübung, über das Spüren unseres Körpers: Satz für Satz gehe ich durch die Geschichte und versuche, hineinzugehen in **Haltung, Mimik, Gebärden** Jesu. Dabei ist es wichtig, sich viel Zeit zu nehmen, wirklich die Bewegung, die Haltung genau wahrzunehmen, wirken zu lassen, sich zu fragen: Was spüre ich? Wie spüre ich das? Was will mir mein Körper sagen?

(1) *Am frühen Morgen begab er sich wieder in den Tempel.* Stell dir vor, du bist Jesus. Du hast die Nacht am Ölberg im Gebet verbracht. Du bist in enger Verbindung mit dem Vater. Nun, früh am Morgen, gehst du in den Tempel. Geh einige Schritte und achte auf deine Körperhaltung, dein Gesicht, deine Schritte. Welche innere Haltung drückt sich in deinem Körper aus?
(2) *Alles Volk kam zu ihm. Er setzte sich und lehrte es.* Setz dich und stell dir die Situation im Tempel vor. Was strahlst du alleine durch dein Gesicht, deine Körperhaltung, deine Gesten aus?
(3) *Da brachten die Schriftgelehrten und Pharisäer eine Frau, die beim Ehebruch ertappt worden war. Sie stellten sie in die Mitte und sagten zu ihm: Meister, diese Frau wurde beim Ehebruch auf frischer Tat ertappt. Mose hat uns im Gesetz vorgeschrieben, solche Frauen zu steinigen. Nun, was sagst du? Mit dieser Frage wollten sie ihn auf die Probe stellen, um einen Grund zu haben, ihn zu verklagen.* Wie verändert sich deine Körperhaltung, dein Gesichtsausdruck? Was signalisierst du dadurch der Menge, der Frau, den Pharisäern?
(4) *Jesus aber bückte sich und schrieb mit dem Finger auf die Erde.* Nimm diese Haltung ein. Im Sitzen beugst du dich tief hinunter und berührst mit dem

Finger die Erde. Du kannst jetzt keine der Personen um dich her sehen. Was spürst du in dieser Haltung?
(5) *Als sie hartnäckig weiterfragten, richtete er sich auf und sagte zu ihnen: Wer von euch ohne Sünde ist, der werfe als Erster einen Stein auf sie.* Richte dich auf. Vollziehst du diese Bewegung rasch oder langsam? Was geht dabei in dir vor? Wohin schaust du? Wie ist deine Stimme?
(6) *Und er bückte sich wieder und schrieb auf die Erde. Als sie seine Antwort gehört hatten, ging einer nach dem anderen fort, zuerst die Ältesten.* Wieder bückst du dich. Fühlt sich die Bewegung genauso an wie vorher oder hat sich etwas verändert?
(7) *Jesus blieb allein zurück mit der Frau, die noch in der Mitte stand. Er richtete sich auf und sagte zu ihr: Frau, wo sind sie geblieben? Hat dich keiner verurteilt? Sie antwortete: Keiner, Herr. Da sagte Jesus zu ihr: Auch ich verurteile dich nicht. Geh und sündige von jetzt an nicht mehr.* Wie sieht dieses »Aufrichten« jetzt aus? Achte auf deine Körperhaltung, deine Gesten, deine Mimik! Welche Gefühle drücken sich darin aus? Was drückst du der Frau gegenüber damit aus?

AUS UNSEREN NOTIZBLÄTTERN

(1) Ich stelle mir vor, ich bin Jesus: Ich habe die Nacht am Ölberg im Gebet verbracht. Ich bin in enger Verbindung mit dem Vater. Nun, früh am Morgen, gehe ich in den Tempel. Ich gehe aufrecht, der Rücken ist gerade, die Schultern sind locker. Mein Gesicht ist entspannt. Ich spüre die kühle Morgenluft angenehm auf meiner Haut. Ich atme tief und gleichmäßig. Meine Schritte sind fest, ich gehe nicht schnell, aber ohne jedes Zögern. In mir ist eine große Ruhe und Gelassenheit.
(2) Ich sitze im Tempel und lehre die Menschen: Ich sitze da, umgeben von Menschen. Mein Oberkörper ist etwas nach vorne gebeugt, ihnen zugewandt. Meine Füße stehen in leichter Schrittstellung auf dem Boden, so als wolle ich auf die Menschen zugehen. Die Arme sind geöffnet, die Handflächen zeigen nach oben. Ich suche den Augenkontakt mit meinen Zuhorern. Die Eindringlichkeit meiner Rede spiegelt sich in meinem Gesicht wider. Ich spüre eine enge Verbindung zu den Menschen und ein tiefes Bedürfnis, ihnen meine Botschaft vom Leben und von der Liebe mit Leib und Seele zu vermitteln.
(3) Die Pharisäer treten ein und bringen die Frau, die sie in die Mitte stellen: Sobald die Pharisäer und Schriftgelehrten eintreten, verändert sich meine Kör-

perhaltung. Ich richte mich ganz gerade auf, die Schultern straffen sich. Mein Blick heftet sich auf diese Männer, ich glaube, meine Augen sind ganz weit geöffnet. Sie haben jetzt meine ganze Aufmerksamkeit.

Dann sehe ich die Frau. Ich spüre, wie ich mich ihr mit meinem Körper, meinem Gesicht zuwende, eine leichte Geste in ihre Richtung hin mache. Meine Miene entspannt sich, wird weicher, denn ich fühle Mitleid mit dieser Frau, die keine Eigenbewegung mehr hat – gebracht *wird*, in die Mitte gestellt *wird*, als Mittel benutzt wird, um mich fertigzumachen.

Als die Männer mir von dem Ehebruch berichten und mich scheinbar um Rat fragen, wie mit der Frau zu verfahren sei, wende ich mich ihnen wieder zu. Ich spüre geradezu körperlich die gespannte Erwartung der Menge. Ruhig und sehr ernst schaue ich die Schriftgelehrten und Pharisäer an. In der kleinen Pause, die nach ihrem aufgeregten Reden und Fragen entsteht, bin ich wach und konzentriert auf sie ausgerichtet.

(4) Auf die Frage der Pharisäer hin beuge ich mich im Sitzen tief hinunter und berühre mit dem Finger die Erde: Ich habe das Gefühl, ihre Worte und ihre Frage prallen an meinem Rücken ab, können mich nicht wirklich erreichen. Ich habe mich auf eine andere Ebene begeben. Wir sind nicht mehr in Augenhöhe. Hier muss ich nicht antworten.

Aber ich bin nicht über ihnen, ich bin unter ihnen. Da fühle ich mich auch schutzlos, wie ausgeliefert. Die Aufmerksamkeit gilt, das spüre ich, nicht mehr der Frau, sondern mir und meinem gebeugten Rücken. Ich bin angreifbar.

Mein Finger berührt die Erde – ich habe Kontakt zur Erde, einen gewissen Halt. Äußerlich und damit auch innerlich habe ich mich entzogen.

(5) Als sie hartnäckig weiterfragen, richte ich mich auf: Langsam richte ich mich auf. In dieser Bewegung liegt viel Ruhe – ich nehme mir Zeit, ich lasse mir Zeit. Ich spüre eine Wechselwirkung zwischen Körper und Seele: Die ruhige Bewegung lässt mich innerlich ruhig werden. Umgekehrt ermöglicht die Ruhe, die mir auch von der Berührung mit der Erde zugewachsen ist, die langsame, bedächtige Bewegung. Ich richte meinen Blick unverwandt auf die Männer. Es ist still. Sie erwarten ein Ja oder Nein von mir, steinigen oder nicht steinigen. Aber es gibt eine dritte Möglichkeit zu antworten, eine ganz andere Möglichkeit. In die Stille hinein spreche ich. Ich sage nicht laut, aber mit sehr fester Stimme, langsam, aber ohne Zögern die Worte: »Wer unter euch ohne Sünde ist, der werfe den ersten Stein!«

(6) Wieder bücke ich mich: Das Gefühl, ausgeliefert und schutzlos zu sein, ist nicht mehr da. Sie werden mich nicht angreifen. Und ich bin ganz sicher: Da wird niemand einen Stein werfen. Ich höre, wie sie sich hinausschleichen. Ich will ihnen gar nicht zuschauen – diese Demütigung möchte ich ihnen ersparen.

Ich muss meinen »Triumph« nicht auskosten. Ich bin wieder auf einer anderen Ebene. Es ist nicht die Ebene des »Siegers«, die wäre oben. Aber ich muss nicht demonstrieren, dass ich »gesiegt« habe. Der Bodenkontakt tut gut. Es ist geradezu erholsam, so gebückt dazusitzen und auf die Erde zu schreiben.
(7) Wie fühlt sich mein »Aufrichten« jetzt an? Ich erhebe mich und stehe nun in Augenhöhe vor der Frau. Ich bin ihr ganz zugewandt, aber zwischen uns ist eine gewisse Distanz. Noch strecke ich auch die Hand nicht nach ihr aus. Mein Blick sucht ihren Blick, der noch gesenkt ist. Dann schauen wir uns an. Mein Gesichtsausdruck ist ernst, doch ich spüre in mir Sympathie. Als ich sie frage, wird mein Blick forschend. Bei meinen Worten »Dann verurteile ich dich auch nicht« beginne ich zu lächeln und als ich sie entlasse, berührt meine Hand sie ganz leicht an der Schulter. Die Frau geht, ich bleibe allein zurück, stehe da, spüre den Boden unter meinen Füßen, mein Körper ist entspannt, die Schultern sind locker. Ich atme ein paarmal tief ein und aus.

Nachdem du diese Geschichte nun auch körperlich intensiv nachempfunden hast, betrachte deine Erfahrungen noch einmal unter dem Blickwinkel: Welche Antworten hast du aus dieser Geschichte erhalten auf die Frage, wie man sich gegen Mobbing wehren kann?
1. *Entzieh dich.* Spiel das Spiel nicht mit! Lass dich nicht hineinziehen in dieses infame Spiel. Entzieh dich – wo es geht, auch körperlich. Geh aus der Situation heraus, begib dich auf eine andere Ebene.
2. *Stell dich nicht über deine Angreifer.* Erhebe dich nicht über sie, verzichte darauf, verächtlich auf sie hinabzublicken. Das lateinische Wort für »Erde« ist *humus.* Es ist die Wurzel des Wortes *humilitas,* »Demut«. Demut, nicht im Sinne von Duckmäusertum und Selbsterniedrigung, sondern im eigentlichen Wortsinn ist die richtige Haltung. Demut bedeutet wörtlich: die Gesinnung des »Dienens«. Das heißt: Dein Ziel soll nicht sein, zu herrschen, zu siegen, gegen die anderen zu gewinnen.
3. *Suche nach der »dritten Möglichkeit«.* Es gibt nie nur Entweder – Oder. Es gibt immer noch einen dritten Weg. Jesus ist ein Meister im Finden der dritten Möglichkeit. Steinigen oder nicht steinigen?, wird er gefragt. Die dritte Möglichkeit heißt: Wer unter euch ohne Sünde ist, der werfe den ersten Stein. Die dritte Möglichkeit ist etwas anderes als ein Kompromiss. Sie ist eine kreative, völlig neue Lösung: Entweder auf dem Wasser gehen oder darin versinken, diese Alternative sieht Petrus – man kann auch die Hand Jesu ergreifen. Entweder Brot kaufen oder die Leute hungern lassen, denken die

Jünger in der Geschichte von der wunderbaren Brotvermehrung – man kann auch das Vorhandene teilen. Und schließlich: Entweder verschont werden oder gekreuzigt werden – die dritte Möglichkeit lautet: Auferstehung. Wer die Kunst der dritten Möglichkeit entwickelt, der wird ganz sicher Auferstehungsgeschichten erleben.

4. Erhebe dich nicht über deinen Gegner, wenn es dir gelungen ist, eine Situation zu lösen. Verzichte darauf, den anderen, der dich fertigmachen wollte, zu demütigen.

2
KONFLIKTE: LUST AUF EIGENSTÄNDIGKEIT

1. Übergriffe abwehren

Sich abnabeln

Und seine Eltern gingen alle Jahre nach Jerusalem zum Passafest. Und als er zwölf Jahre alt war, gingen sie hinauf nach dem Brauch des Festes. Und als die Tage vorüber waren und sie wieder nach Hause gingen, blieb der Knabe Jesus in Jerusalem, und seine Eltern wussten's nicht. Sie meinten aber, er wäre unter den Gefährten, und kamen eine Tagereise weit und suchten ihn unter den Verwandten und Bekannten. Und da sie ihn nicht fanden, gingen sie wieder nach Jerusalem und suchten ihn.
Und es begab sich nach drei Tagen, da fanden sie ihn im Tempel sitzen, mitten unter den Lehrern, wie er ihnen zuhörte und sie fragte. Und alle, die ihm zuhörten, verwunderten sich über seinen Verstand und seine Antworten. Und als sie ihn sahen, entsetzten sie sich. Und seine Mutter sprach zu ihm: Mein Sohn, warum hast du uns das getan? Siehe, dein Vater und ich haben dich mit Schmerzen gesucht. Und er sprach zu ihnen: Warum habt ihr mich gesucht? Wisst ihr nicht, dass ich sein muss in dem, was meines Vaters ist? Und sie verstanden das Wort nicht, das er zu ihnen sagte. Und er ging mit ihnen hinab und kam nach Nazareth und war ihnen untertan. Und seine Mutter behielt alle diese Worte in ihrem Herzen. Und Jesus nahm zu an Weisheit, Alter und Gnade bei Gott und den Menschen.
Lk 2,41–52 (Lutherübersetzung)

Diese Abnabelungsgeschichte kann **aus drei Perspektiven** betrachtet und erlebt werden: Man kann sich identifizieren mit dem pubertierenden Sohn, der seinen eigenen Weg geht, mit den Eltern, die hin- und herschwanken zwischen Freigeben und Festhalten, und mit den Schriftgelehrten, die als Außenstehende einen neutralen Blick auf die Familie haben.

Die Identifizierungen rufen Erinnerungen an Abnabelungsgeschichten im eigenen Leben wach. Es lohnt sich, zunächst in die Identifikation zu gehen und dann eigenen Erinnerungen Raum zu geben.

Identifikationen

Identifikation mit dem Zwölfjährigen

- Was denkst du dir denn dabei, einfach im Tempel zurückzubleiben, ohne deinen Eltern Bescheid zu sagen, geschweige denn sie um Erlaubnis zu bitten?
- Wie ist dir als Junge zumute unter all den Gelehrten und Schriftkundigen im Tempel?
- Was empfindest du, als du den Vorwurf deiner Eltern hörst?
- Warum gehst du wieder mit deinen Eltern zurück nach Hause und bist ihnen untertan?

Identifikation mit den Eltern

- Wie geht es euch damit, dass euer Sohn allmählich erwachsen und selbstständig wird?
- Was empfindet ihr dabei, drei Tage vergeblich nach eurem Sohn suchen zu müssen?
- Was ist das für ein »Entsetzen«, als ihr euren Sohn im Tempel entdeckt?
- Was lösen die beiden Fragen eures Sohnes in euch aus?
- Wie gestaltet sich von jetzt an zu Hause eure Beziehung?

Identifikation mit einem der Schriftgelehrten

- Was fällt dir an dieser Familie auf?

Identifikation mit dem Zwölfjährigen

Was denkst du dir dabei, einfach im Tempel zurückzubleiben, ohne deinen Eltern Bescheid zu sagen, geschweige denn sie um Erlaubnis zu bitten?
Der Tempel fasziniert mich, diese Gespräche über die heiligen Schriften ziehen mich an. Darüber vergesse ich alles andere, auch meine Eltern. Ich bin doch jetzt fast erwachsen, kann selbstständig entscheiden, kann reden wie Erwachsene, mich benehmen wie Erwachsene. Das müssen meine Eltern akzeptieren.

Wie ist dir zumute unter all den Gelehrten und Schriftkundigen im Tempel?
Ich fühle mich, als sei ich dort angekommen, wo ich hingehöre. Die Schriftgelehrten akzeptieren mich als einen der ihren, nehmen mich ernst, diskutieren mit mir über schwierige theologische Sachverhalte. Mit ganzem Herzen bin ich dabei.

Was empfindest du, als du den Vorwurf deiner Eltern hörst?
Ich verstehe sie überhaupt nicht. Ich verstehe ihre Sorge nicht, ich verstehe ihre Frage nicht. Ihre Sicht ist einseitig und eng. Ich bin im Hause meines Vaters, da muss es mir doch gut gehen. Das wollte ich nicht, dass sie sich ängstigen, aber ein schlechtes Gewissen kann ich beim besten Willen nicht haben.

Warum gehst du wieder mit deinen Eltern zurück nach Hause und bist »ihnen untertan«?
Diese Frage verstehe ich nicht. Weshalb sollte ich nicht mitgehen und mit ihnen leben? Alles hat seine Zeit. Ich habe mir Zeit für den Tempel genommen, jetzt ist wieder Zeit für die Eltern. Es ist für mich noch zu früh, völlig selbstständig zu leben. Aber es ist nicht genauso wie vorher. Ein Prozess hat begonnen.

Identifikation mit den Eltern

Wie geht es euch damit, dass euer Sohn allmählich erwachsen und selbstständig wird?
Das löst bei uns widersprüchliche Gefühle aus. Einerseits ist uns klar, dass unser Sohn kein Kind mehr ist. Deshalb haben wir ihn mitgenommen nach Jerusalem, deshalb haben wir ihn sogar auf der Reise mit den Gefährten gehen lassen. Wir haben ihm bereits eine gewisse Freiheit zugestanden. Andererseits macht es uns Angst und wir sind unsicher, wie wir uns verhalten sollen. Als wir ihn dort mitten unter den Gelehrten fanden, bemerkten wir eine Veränderung an ihm: Wie klug, lebenstüchtig, selbstständig, ja erwachsen

unser Kind schon ist. Das macht uns stolz und weckt auch Ängste: Werden wir einander fremd?

Was empfindet ihr dabei, drei Tage vergeblich nach eurem Sohn suchen zu müssen?
Während des Suchens haben wir nur Angst und Wut empfunden, haben uns auch Vorwürfe gemacht, dass wir ihm zu viel Freiheit gegeben haben. Rückblickend allerdings stellen wir fest, dass diese drei Tage und Nächte uns eine neue Wahrnehmung unseres Sohnes geschenkt haben: Er löst sich von uns. Aus der Distanz wirkte er schon richtig erwachsen und reif.

Was ist das für ein »Entsetzen«, als ihr euren Sohn im Tempel entdeckt?
In unserem Entsetzen mischen sich Gefühle von Angst, Sorge und Erleichterung. Das alles macht sich im Vorwurf Luft. Dann tauchte noch ein völlig neues Gefühl auf: Unser Sohn war uns plötzlich fremd. Wir sind einfache Leute und dieses Kind diskutiert mit Gelehrten. Woher hat er das? Wie konnte er sich unbemerkt und unbeeinflusst von uns dahin entwickeln? Einerseits sind wir stolz, andrerseits wollen wir unser Kind zurückhaben.

Was lösen die beiden Fragen eures Sohnes in euch aus?
Er versteht uns nicht und wir verstehen ihn nicht.

Wie gestaltet sich von jetzt an zu Hause eure Beziehung?
Äußerlich ist alles wie früher. Er ist ein guter Sohn, der uns Freude macht. Aber uns allen dreien ist klar, dass Jerusalem ein Einschnitt war. Eine Entwicklung hat begonnen, unser Sohn wird sich von uns lösen und wir werden ihn gehen lassen müssen. Das wird mit Schmerzen verbunden sein, das wird Zeit brauchen. Noch sehen wir das Ende dieses Prozesses nicht. Wir brauchen Vertrauen, dass es gut geht.

Identifikation mit einem der Schriftgelehrten

Was fällt dir an dieser Familie auf?
Mich hat vieles erstaunt. Zuerst wunderte ich mich, dass ein Zwölfjähriger von seinen Eltern allein gelassen wird. Dann fragte ich mich, welchen familiären Hintergrund dieser Junge hat. Er kannte nicht nur die Schriften, sondern diskutierte mit uns auf einer Ebene. Als ich die Eltern dann sah, einfache Leute mit ihrer Angst, spürte ich: Sie haben keine Vorstellung von dem Potenzial ihres Sohnes. Sie alle drei werden es nicht leicht haben.

Erinnerungen

Lies deine Aufzeichnungen noch einmal aufmerksam durch – lass Erinnerungen an eigene Erfahrungen und Erlebnisse aufsteigen. Vielleicht ist es dir jetzt ein Bedürfnis, mit deinen Eltern, deinen Kindern, einer früheren Lehrerin oder einer anderen Bezugsperson über ein Erlebnis zu sprechen, eine Kränkung aufzuarbeiten (Abgrenzung ist ohne Verletzung oder Kränkung oft nicht möglich) oder ein Dankeschön zu sagen. Wenn das im direkten Kontakt nicht mehr möglich ist, überleg dir ein **Versöhnungsritual**, mit dem du dein inneres Anliegen ausdrückst – sei es ein Dank, eine Bitte um Vergebung oder eine Aussöhnung.

Das mag ein Brief sein – auch wenn du ihn nicht abschicken kannst oder willst. Das mag ein Gegenstand sein, der dich an den Menschen erinnert, dem du etwas mitteilen möchtest. Du kannst zum Beispiel eine Kerze vor diesem Gegenstand anzünden oder ihn der Natur anvertrauen – dem Wasser, dem Feuer, der Erde – oder mit Weihrauch ein Räucherritual zur Reinigung vollziehen. So geschieht Abnabelung, Abgrenzung auf heilsame Weise.

Entschlüsselung

Versuche hinter einzelnen Worten und Begriffen des Textes eine verborgene Botschaft zu finden, die entschlüsselt werden muss.

Recht gedeutet wird diese Botschaft zur Hilfe für eine bestimmte Lebensproblematik – hier das Thema der Abnabelung. Die Geschichte vom zwölfjährigen Jesus ist nicht nur die Geschichte einer Abnabelung des Kindes von den Eltern, sie zeigt auch beispielhaft, wie Abgrenzung generell gelingen kann.

Übersetzen wir die Bilder, manchmal auch nur harmlose Ortsbezeichnungen und alltägliche Verhaltensweisen, gewinnen wir grundlegende Lebensregeln. »Jerusalem« ist in dieser Geschichte, so betrachtet, nicht nur die Hauptstadt des Landes, sondern *in Jerusalem bleiben* heißt im übertragenen Sinn: sich Freiheit nehmen, sich Zeit nehmen für Gott und für sich selbst, eigene Prioritäten setzen, machen, was für mich jetzt »dran« ist, sich nicht einengen lassen durch Erziehung und Gehorsam. Es heißt: ganz bei sich sein.

Was bedeuten, so gesehen, folgende Ausdrücke?

- *im Tempel sitzen, hören, fragen, antworten*
- *fragen: ... Warum habt ihr mich gesucht? ...*
- *antworten: »Wisst ihr nicht, dass ich sein muss in dem, was meines Vaters ist?«*

- *nicht verstanden werden*
- *mit ihnen gehen*
- *nach Nazareth kommen*
- *untertan sein*

AUS UNSEREN NOTIZBLÄTTERN

Im Tempel sitzen, hören, fragen, antworten
Meinen Platz finden; innerlich ankommen; mit Leib und Seele dabei sein; ausgefüllt sein; gegen Widerstände das eigene Glück finden.

Fragen: »Warum habt ihr mich gesucht?«
Den anderen in seinen Gefühlen ernst nehmen, auch ohne sie zu verstehen; sachlich und ernsthaft nach Beweggründen forschen; Unverständnis offen äußern.

Antworten: »Wisst ihr nicht, dass ich sein muss in dem, was meines Vaters ist?«
Die eigene Befindlichkeit äußern, für sich klare Wertmaßstäbe haben, sich zu dem bekennen, was einem wichtig ist.

Nicht verstanden werden
etwas stehen lassen; die Größe haben, etwas hinzunehmen, was sich nicht vollständig klären lässt; Entfremdung in Kauf nehmen.

Mit ihnen gehen
Eigenständigkeit nicht zum Prinzip erheben; flexibel bleiben; nachgeben, ohne sich aufzugeben.

Nach Nazareth kommen
Als Veränderter in alte Strukturen zurückkommen; als Gefestigter sich einfügen; eigenständig werden, ohne »auszusteigen«; liebevolle Begleitung suchen, Nazareth als »Inkubationszeit«, als fruchtbare Warte- und Reifezeit nehmen.

Untertan sein
Zugeständnisse machen, sich zurücknehmen, ohne sich etwas zu vergeben; sich freiwillig unterordnen, ohne sich unterdrücken zu lassen.

Sich abgrenzen

Und er ging in ein Haus. Und da kam abermals viel Volk zusammen, sodass sie nicht einmal essen konnten. Und als es die Seinen hörten, machten sie sich auf und wollten ihn festhalten; denn sie sprachen: Er ist von Sinnen.
Mk 3,20–21 (Lutherübersetzung)

Und es kamen seine Mutter und seine Brüder und standen draußen, schickten zu ihm und ließen ihn rufen. Und das Volk saß um ihn. Und sie sprachen zu ihm: Siehe, deine Mutter und deine Brüder und deine Schwestern draußen fragen nach dir.
Und er antwortete ihnen und sprach: Wer ist meine Mutter und wer sind meine Brüder?
Und er sah ringsum auf die, die um ihn im Kreis saßen, und sprach: Siehe, das ist meine Mutter und das sind meine Brüder! Denn wer Gottes Willen tut, der ist mein Bruder und meine Schwester und meine Mutter.
Mk 3,31–35 (Lutherübersetzung)

Lies diese Geschichte aus der Perspektive Jesu **in der Ich-Form**, am besten laut:

»Und ich ging in ein Haus, und da kam abermals das Volk zusammen, sodass wir nicht einmal essen konnten ...«

Lies die Texte **in Etappen**, das heißt, halte nach jedem Absatz beim Lesen inne und lass Gefühle kommen – seien sie auch widersprüchlich.

Die Übertragung dieser Geschichte auf das eigene Leben erfolgt in vier Schritten:

1. Welche Erinnerungen rufen folgende Übergriffs-Sätze in dir wach? (Bei den übergriffigen Menschen muss es sich natürlich nicht unbedingt um die leibliche Mutter oder um Geschwister handeln. Auch Freunde, Kinder, Partner können »festhalten«).

- *Die Meinen wollten mich festhalten.*
- *Sie sprachen: Sie/er ist von Sinnen.*
- *Sie (meine Mutter und meine Brüder) standen draußen, schickten zu mir und ließen mich rufen.*

2. Stell dir folgende Situation vor: Du sitzt mit anderen Menschen zusammen. Ihr seid gerade intensiv beschäftigt – im Gespräch, bei einem gemeinsamen Essen, beim Spielen oder Singen und Musizieren, bei einer gemein-

samen Meditation oder Ähnlichem. Da passiert Folgendes: Man sagt zu dir: Deine Mutter, deine Brüder und deine Schwestern sind draußen und fragen nach dir. Welche Reaktionen sind möglich?

- Schreibe so viele Antworten wie möglich auf Karten – es sollen nicht nur die sein, die du geben würdest. Ordne sie von oben nach unten nach der Wahrscheinlichkeit deiner Antworten im wirklichen Leben.
- Betrachte das Ergebnis. Würdest du die Anordnung verändern, wenn du dich fragst: Wie würde ich am liebsten reagieren? Dadurch kommst du zu der Erkenntnis: Wie bin ich? Wie möchte ich sein?
- Eine Variante, die du mit anderen zusammen durchspielen kannst, ist folgende:

Alle bekommen die gleichen Karten. Sie einigen sich darauf, welche der anwesenden Personen (A) »dran« ist. Person A legt verdeckt ihre Präferenzliste, alle anderen versuchen durch das ebenfalls verdeckte Legen ihrer Karten A's Liste zu erraten. Wenn alle Karten gelegt sind, werden sie aufgedeckt und man diskutiert das Ergebnis. Das ist ein unterhaltsames **Kartenspiel zur Selbst- und Fremdwahrnehmung**.

AUS UNSEREN NOTIZBLÄTTERN

Mögliche Antworten
Ich komme gleich!
Kommt doch rein!
Kommt rein, wenn ihr etwas wollt!
Ich habe jetzt keine Zeit!
So geht es nicht!
Ich lass mich nicht unterbrechen!
Was bildet ihr euch eigentlich ein?
Ich brauche hier noch eine Stunde, dann habe ich Zeit für euch.
...

3. Wie reagiert Jesus darauf, dass seine Familie draußen ihn rufen lässt, und was sagt sein Verhalten?
4. Wozu ermutigt das Verhalten Jesu?

Die Reaktion Jesu

Jesus geht in keinen direkten Kontakt mit seiner Familie, antwortet nur den Boten, die sie geschickt haben. Seine Reaktion ist härter als alles, was wir vorher als Möglichkeit fantasiert haben. Was Jesus implizit ausdrückt, ist: Wer ist schon meine Mutter? Welchen Anspruch hat sie auf mich? Was hat sie mir zu sagen? Was habe ich mit ihr zu schaffen?
Sein Verhalten zeigt, dass nichts, nicht einmal enge Blutsverwandtschaft, jemandem das Recht auf einen anderen gibt. Es zeigt im Gegenteil, dass Familienbande entstehen durch gemeinsames Bezogensein auf Gott.

Ermutigung

Jesu Verhalten gibt die Erlaubnis, Nein zu sagen, sich abzugrenzen bis hin zur Unhöflichkeit und zur scheinbaren Herzlosigkeit. Auch den nächsten Familienangehörigen gegenüber ist das erlaubt, wenn sie übergriffig werden.
Solche Abgrenzung bringt nicht nur denjenigen weiter, der sich abgrenzt, sondern auch die anderen, die zu diesem System gehören. Man ist es ihnen sogar schuldig, sich abzugrenzen. Dadurch bekommen auch sie die Chance, sich weiterzuentwickeln.

Sich selbst bestimmen

Und am dritten Tage war eine Hochzeit in Kana in Galiläa, und die Mutter Jesu war da. Jesus aber und seine Jünger waren auch zur Hochzeit geladen. Und als der Wein ausging, spricht die Mutter Jesu zu ihm: Sie haben keinen Wein mehr. Jesus spricht zu ihr: Was geht's dich an, Frau, was ich tue? Meine Stunde ist noch nicht gekommen. Seine Mutter spricht zu den Dienern: Was er euch sagt, das tut. Es standen aber dort sechs steinerne Wasserkrüge für die Reinigung nach jüdischer Sitte, und in jeden gingen zwei oder drei Maße. Jesus spricht zu ihnen: Füllt die Wasserkrüge mit Wasser! Und sie füllten sie bis obenan. Und er spricht zu ihnen: Schöpft nun und bringt's dem Speisemeister! Und sie brachten's ihm. Als aber der Speisemeister den Wein kostete, der Wasser gewesen war, und nicht wusste, woher er kam – die Diener aber wussten's, die das Wasser geschöpft hatten –, ruft der Speisemeister den

Bräutigam und spricht zu ihm: Jedermann gibt zuerst den guten Wein und, wenn sie betrunken werden, den geringeren; du aber hast den guten Wein bis jetzt zurückbehalten. Das ist das erste Zeichen, das Jesus tat, geschehen in Kana in Galiläa, und er offenbarte seine Herrlichkeit. Und seine Jünger glaubten an ihn.
Danach ging Jesus hinab nach Kapernaum, er, seine Mutter, seine Brüder und seine Jünger, und sie blieben lange da.
Joh 2,1–12 (Lutherübersetzung)

Die Jünger Jesu werden nur am Anfang und am Ende der Geschichte erwähnt:

Jesus aber und seine Jünger waren auch zur Hochzeit geladen ... Seine Jünger glaubten an ihn. Danach ging Jesus hinab nach Kapernaum, er, seine Mutter, seine Brüder und seine Jünger, und sie blieben lange da.

Aber sie haben die Geschichte miterlebt und ziehen danach mit Jesus weiter, die Brüder und die Mutter Jesu sind auch mit unterwegs. Einer von ihnen, so stellen wir uns vor, geht ein wenig abseits, hängt seinen Gedanken nach.

- Mach einen **Spaziergang** und stell dir vor, du bist einer dieser Jünger. Was dich beschäftigt, ist gar nicht so sehr das Wunder, sondern viel mehr das, was sich zwischen Jesus und seiner Mutter abgespielt hat. Du denkst darüber nach – die Beweggründe der beiden, ihre Gefühle und Reaktionen. Du kannst dich dabei an dein Verhalten in deinen eigenen Beziehungsgeschichten erinnern. Entdeckst du Ähnlichkeiten/Unterschiede?
- Eine Variante dieser Form der Identifikation ist die **»Walk to talk«-Methode**. Du suchst dir einen Partner, eine Partnerin. Zu zweit unterhaltet ihr euch als Jünger im Gehen über das Erlebte.

Wenn du von deinem Spaziergang zurückkommst, notierst du, was das mit »Abgrenzung« zu tun hat. Folgende Impulsfragen mögen eine Hilfe für das Gespräch sein:

1. Jesus reagiert sehr schroff auf seine Mutter. Welche Beweggründe könnte er gehabt haben?
2. Die Worte *Meine Stunde ist noch nicht gekommen* wirken wie ein Einlenken, ein halbes Zurücknehmen und Entschuldigen. Versuche den Unterschied zwischen »Vielleicht später« und »Meine Stunde ist noch nicht gekommen« herauszuarbeiten.
3. Welche Rolle spielt Maria in dieser Abgrenzungsgeschichte?
4. Wozu ermutigt diese Abgrenzungsgeschichte?

Jesu Beweggründe

Dass Jesus mit Widerstand auf das Ansinnen der Mutter reagiert, kann ich verstehen: Als erwachsener Mann muss er selbst entscheiden, was er tut, ob er hilft oder nicht. Und vielleicht hat er sich zusätzlich über die subtile Art des Übergriffs seiner Mutter geärgert. Sie hat ihm nur indirekt vorgeschrieben, was er tun soll: *Sie haben keinen Wein mehr.* Diese scheinbar ganz sachliche Aussage erinnert mich an subtile Sätze, die mir wohlbekannt sind: Der Mülleimer ist voll; wir haben keine Milch mehr; dein Kleiderschrank quillt über ...

Aber weshalb weist er die Mutter so heftig, so kränkend zurück? *Was geht's dich an, Frau, was ich tue?* Konnte er nicht etwas liebevoller, respektvoller mit seiner Mutter umgehen?

Abgrenzung, die zu sanft und zu weichgespült erfolgt – »eigentlich möchte ich das jetzt nicht«, »lass mich das bitte selbst entscheiden, Mutter« oder »vielleicht später« –, wird oft gerade von Menschen, die uns sehr nahe stehen, nicht akzeptiert und führt zu endlosen, unfruchtbaren Diskussionen. Eindeutige Abgrenzung ohne eine gewisse Härte ist oft nicht möglich.

Unterschied zwischen »Vielleicht später« und »Meine Stunde ist noch nicht gekommen«

Die Worte »Vielleicht später« sind ein Vertrösten und öffnen die Tür zu unendlichen Diskussionen: Wann ist »später«? Warum denn nicht jetzt? Kann ich etwas dazu tun?

Meine Stunde ist noch nicht gekommen ist eine Ich-Botschaft. Sie wirkt einlenkend und bietet zugleich die Möglichkeit einer selbstbestimmten neuen Entscheidung. Wann diese Stunde ist, bestimmt Jesus. Hier ist ein Mensch so in Verbindung mit sich selbst, dass er genau weiß und spürt, wann der richtige Augenblick zum Handeln gekommen ist. Er ist auch gewiss, dass dieser Moment kommen wird.

Marias Rolle in dieser Abgrenzungsgeschichte

Sie wirkt sehr geschäftig und in ihrer Geschäftigkeit übergriffig. Sie übernimmt Verantwortung bei einem Hochzeitsfest, auf dem sie nur Gast ist, versucht Jesus in ihre Übergriffigkeit einzubeziehen. Möglicherweise will sie sogar ein wenig ihren großartigen Sohn vorführen. Doch sie muss seine klare Zurückweisung hinnehmen. Sie wirkt durch seine schroffen Worte weder gekränkt noch verunsichert. Sie agiert weiter. Siegessicher sagt sie zu den Dienern nur: *Was er*

euch sagt, das tut. Damit akzeptiert sie seine Entscheidungsfreiheit und mischt sich auch nicht mehr ein.
Maria und Jesus hätten guten Grund, einander jetzt gram zu sein: Er wegen ihres Übergriffs, sie wegen seiner Schroffheit. Beide beharren auf ihrem Standpunkt, es gibt keine Entschuldigungen und keine Erklärungen. Doch sie können darauf verzichten, den Vorfall in langen Gesprächen aufzuarbeiten. Sie lassen es gut sein und bleiben miteinander auf dem Weg. Niemand ist beleidigt, obwohl alles offen bleibt. Die beiden können trotzdem zusammen weitergehen.
Maria begleitet nach Beendigung des Fests wie eine Jüngerin ihren Sohn Jesus: *Danach ging Jesus hinab nach Kafarnaum, er, seine Mutter und seine Brüder und seine Jünger.*

Ermutigung

Das gilt es in unseren Konfliktsituationen zu lernen: Klare, wenn nötig auch harte Worte der Abgrenzung zu sprechen oder umgekehrt berechtigte Zurückweisung auszuhalten. Es ist gut, die Zurückweisung eines Übergriffs nicht zu schnell persönlich zu nehmen.
Zuweilen ist es besser, die Grenze, die der andere zieht, einfach zu akzeptieren, auf ein endgültiges Ausdiskutieren, auf eine Supervision oder eine Mediation zu verzichten und einfach miteinander auf dem Weg zu bleiben. Voraussetzung dafür ist eine Basis des Wohlwollens.

Den Feind im Freund zurückweisen

> *Und er fing an, sie zu lehren: Der Menschensohn muss viel leiden und verworfen werden von den Ältesten und Hohepriestern und Schriftgelehrten und getötet werden und nach drei Tagen auferstehen. Und er redete das Wort frei und offen. Und Petrus nahm ihn beiseite und fing an, ihm zu wehren. Er aber wandte sich um, sah seine Jünger an und bedrohte Petrus und sprach: Geh weg von mir, Satan! Denn du meinst nicht, was göttlich, sondern was menschlich ist.*
>
> Mk 8,31–33 (Lutherübersetzung)

Lies den Text einige Male (am besten laut) durch. Dann schließe die Augen und versuche dir die unterschiedlichen Körperhaltungen Jesu in den einzelnen Szenen vorzustellen. Beschreibe jeweils die innere Haltung, die darin zum Ausdruck kommt. Nimm wahr, inwieweit der **Körper ein Spiegel der Seele** ist.

AUS UNSEREN NOTIZBLÄTTERN

Jesu innere Haltung

Und er fing an, sie zu lehren ... und er redete das Wort frei und offen
Gesammelt – klar – zugewandt – furchtlos

Und Petrus nahm ihn beiseite
widerstrebend – halbherzig
oder: neugierig – abwartend – horchend

und fing an, ihm zu wehren
erschrocken – verärgert – überrascht – überrumpelt – empört

Er aber wandte sich um
brüskierend – sprachlos – sich abgrenzend

er sah seine Jünger an
Kontakt suchend – fragend

er bedrohte Petrus
wütend – enttäuscht – entsetzt – traurig

Er sprach: Geh weg von mir, Satan!
zornig – lautstark – machtvoll

Unterstreiche im Text **mit unterschiedlichen Farben** Sprecher, Adressat und Botschaft.

Was fällt dir bei der Betrachtung des bearbeiteten Textes auf?
Welche nonverbalen Botschaften enthält der Text?

Welche Regeln lassen sich aus Jesu Verhalten ableiten
- im Hinblick auf eigenes übergriffiges Vorgehen?
- im Hinblick auf meine Reaktion, wenn andere übergriffig sind?

AUS UNSEREN NOTIZBLÄTTERN

S p r e c h e r , **Adressat** und Botschaft
Und e r fing an, **sie** zu lehren: Der Menschensohn muss viel leiden und verworfen werden von den Ältesten und Hohepriestern und Schriftgelehrten und getötet werden und nach drei Tagen auferstehen. Und e r redete das Wort *frei und offen.* Und P e t r u s *nahm ihn beiseite und fing an,* **ihm** *zu wehren.* E r *aber wandte sich um, sah seine Jünger an und bedrohte* Petrus und sprach: Geh weg von mir, **Satan**! Denn du meinst nicht, was göttlich, sondern was menschlich ist.

Was mir am Text auffällt

Die Hälfte des Textes besteht aus Worten Jesu. Jesus stellt das Wort Gottes in den Mittelpunkt. Das befähigt ihn zu einer klaren, furchtlosen Haltung gegenüber den Menschen und sogar gegenüber dem Satan.
Jesus ist in direktem verbalen Kontakt mit der Gruppe seiner Zuhörer und mit dem Satan. Er redet nicht mit Petrus, sondern mit dem Versucher, der aus ihm spricht. Also grenzt er sich auch nicht von Petrus als Person, als Freund und Jünger ab, sondern nur von seinen Worten.
Das heißt, Jesus verdammt nicht den Menschen Petrus, sondern in Petrus die größte und tiefste Versuchung, die er, Jesus, leiden muss. Seine größte Versuchung ist es, dem Tod auszuweichen. Diese Versuchung hat Petrus auszusprechen gewagt.
Petrus hat sich mit seinem Übergriff zu einem Werkzeug des Satans machen lassen. Er hat widergöttlich gedacht, geredet und gehandelt.
Wenn Jesus – wörtlich übersetzt – sagt: »Hinter mich, Satan!«, befreit er damit auch Petrus vom Bösen, es ist fast eine Art Exorzismus.
Was Petrus sagt, ist nicht wörtlich wiedergegeben, hier ist nur der Inhalt seiner Botschaft überliefert. Sein Reden, das, »was menschlich ist«, hätte nur geschadet.

Ein relativ großer Teil des Textes berichtet von nonverbaler Interaktion. Das sind Botschaften, die, durch Körpersprache vermittelt, meist weniger kontrolliert sind als Worte und deshalb besonders bedeutsam sind.

Die nonverbalen Botschaften

Und Petrus nahm ihn beiseite

Petrus ist übergriffig im Wortsinn, er kommt zu nahe, wird geradezu handgreiflich und plumpvertraulich. Er nimmt sich ein Sonderrecht heraus.

und fing an, ihm zu wehren

Das Wehren geschieht sicher nicht nur in Worten, sondern drückt sich auch in Gestik, Mimik und Körperhaltung aus. Petrus erhebt sich über Jesus. Er scheint vergessen zu haben, wer der Meister und wer der Jünger ist.

Er aber wandte sich um

Jesus reagiert mit Schweigen auf die Vorwürfe des Petrus. Er äußert weder Ärger noch Wut, lässt Petrus einfach stehen und kehrt ihm den Rücken zu, bildlich gesprochen: Er zeigt ihm die kalte Schulter. Damit ist zum einen Zeit gewonnen. Zum anderen kann das Schweigen auch ein Zeichen dafür sein, wie unangemessen diese Einmischung ist. Sie hat nicht einmal eine Antwort verdient.

Er sah seine Jünger an

Nun stellt Jesus eine Öffentlichkeit her. Er holt sich wieder die Aufmerksamkeit der anderen Jünger, nimmt mit ihnen Blickkontakt auf, vergewissert sich ihrer Gegenwart und signalisiert gleichzeitig, dass er nicht bereit ist, sich auf ein privates Gespräch mit Petrus einzulassen, dass er nicht bereit ist, sich Vorwürfe machen zu lassen, nicht bereit ist, sich vorschreiben zu lassen, was er reden, was er tun, welchen Weg er gehen soll.

Er bedrohte Petrus

Man muss sich wohl vorstellen, dass Jesus sich noch einmal Petrus zuwendet – ohne Worte, mit einer drohenden Gebärde.

Verhaltensregeln im Blick auf eigenes übergriffiges Vorgehen

Wenn ein Freund dem anderen ungefragt Vorschriften macht bezüglich seiner Lebensgestaltung, dann spricht »der Satan« aus ihm.
Respektiere den Weg, den die anderen gehen, auch wenn du meinst, dass er für sie falsch oder gar gefährlich ist.

Hüte dich vor Besitzdenken, du hast nicht das Recht, irgendeinen Menschen zu vereinnahmen.

Verhaltensregeln mit Blick auf meine Reaktion, wenn andere übergriffig sind

Reagiere nicht zu schnell mit Worten. Schweigen ist eine Abwehr gegen einen Übergriff. Damit ist zum einen Zeit gewonnen. Diese Zeit bewahrt davor, vorschnell und eventuell falsch zu reagieren. Es ist gut, tief durchzuatmen und über eine angemessene Reaktion nachzudenken. Das Schweigen signalisiert dem anderen auch, wie unangemessen eine Einmischung ist. Sie hat nicht einmal eine Antwort verdient.
Wage es, eine Beziehung – zumindest für den Augenblick – abzubrechen. Manchmal macht ein Übergriff es nötig, aus der Beziehung zu gehen, jemanden stehen oder links liegen zu lassen, jemandem aus den Augen zu gehen.
Such dir Verbündete, tritt mit ihnen in Kontakt. Mach sie zu Zeugen des Übergriffs und deiner Abwehr.
Trenne zwischen dem Menschen und seinem Verhalten. Ein Freund/Partner/Kollege mag einmal übergriffig sein, aber er ist nicht der personifizierte Übergriff. Grenze dich klar von seinem Verhalten ab, aber bleibe mit ihm auf dem Weg.
Vielleicht ist es manchmal notwendig, eine gewisse Zeit verstreichen zu lassen, um die Wunden des Übergriffs und der Zurückweisung heilen zu lassen und neue Nähe zu ermöglichen. *Nach sechs Tagen* wählt Jesus trotz seiner Übergriffserfahrung mit Petrus diesen als einen von drei Jüngern aus, die er mit auf den Berg der Verklärung nimmt.
Wann immer ein Mensch einem anderen die Grundfesten eigener Überzeugung, eigener Bestimmung strittig macht, ist Abwehr notwendig. Wann immer ein Mensch in das »Hoheitsgebiet«, das »Königreich« eines anderen ohne dessen ausdrückliche Erlaubnis eintritt, hilft nur klare, deutliche, sogar harte Abgrenzung.
Es ist in einem solchen Fall erlaubt, unhöflich zu sein, zu schweigen, den Angreifer zu isolieren, sich abzuwenden, sich an die Öffentlichkeit zu wenden und schließlich deutliche Worte zu sagen.

Ansprüche abwehren

Da trat zu ihm (Jesus) die Mutter der Söhne des Zebedäus mit ihren Söhnen, fiel vor ihm nieder und wollte ihn um etwas bitten. Und er sprach zu ihr: Was willst du? Sie sprach zu ihm: Lass diese meine beiden Söhne sitzen in deinem Reich einen zu deiner Rechten und den andern zu deiner Linken. Aber Jesus antwortete und sprach: Ihr wisst nicht, was ihr bittet. Könnt ihr den Kelch trinken, den ich trinken werde? Sie antworteten ihm: Ja, das können wir. Er sprach zu ihnen: Meinen Kelch werdet ihr zwar trinken, aber das Sitzen zu meiner Rechten und Linken zu geben, steht mir nicht zu. Das wird denen zuteil, für die es bestimmt ist von meinem Vater. Als das die Zehn hörten, wurden sie unwillig über die zwei Brüder. Aber Jesus rief sie zu sich und sprach: Ihr wisst, dass die Herrscher ihre Völker niederhalten und die Mächtigen ihnen Gewalt antun. So soll es nicht sein unter euch; sondern wer unter euch groß sein will, der sei euer Diener; und wer unter euch der Erste sein will, der sei euer Knecht, so wie der Menschensohn nicht gekommen ist, dass er sich dienen lasse, sondern dass er diene und gebe sein Leben zu einer Erlösung für viele.

Mt 20,20–28 (Lutherübersetzung)

Fertige mit Strichmännchen eine **Familienaufstellung** der Familie des Zebedäus an!

Was lässt sich aus der Zeichnung über die Familienstruktur sagen?

AUS UNSEREN NOTIZBLÄTTERN

Familienaufstellung der Familie des Zebedäus

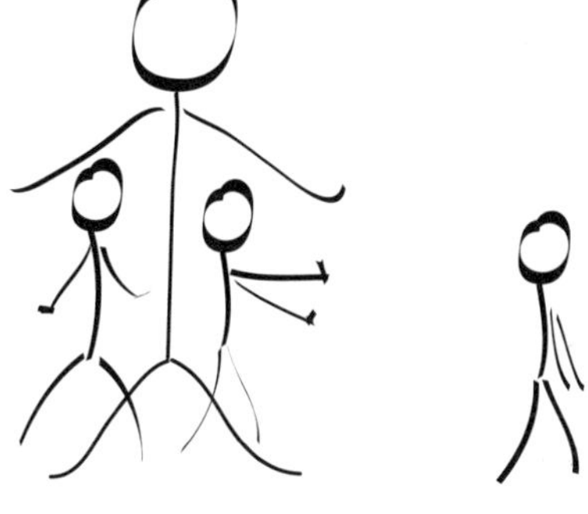

Rückschlüsse auf die Familienstruktur

Die Mutter und die beiden Söhne bilden eine Einheit. Ganz offensichtlich haben die beiden eine starke Bindung an die Mutter, werden von ihr behütet.
Sie wiederum definiert sich ausschließlich über die Söhne. Deshalb heißt sie in der Geschichte immer *die Mutter der Söhne des Zebedäus*. Nicht über ihren Mann wird sie definiert.
Er steht abseits, ist in der Geschichte nicht vorhanden.
Alle in dieser Darstellung sind – aus unterschiedlichen Gründen – ohne Eigenbewegung: Die Mutter muss ihre Arme über die Söhne ausgebreitet halten, die Söhne haben unter dem »Dach« der Mutter keine Bewegungs- und Entwicklungsfreiheit. Durch diese starke Einheit können sich die beiden nicht zu eigenständigen Persönlichkeiten entwickeln und sich auch nicht gegeneinander abgrenzen.
Der Vater ist auf der Zeichnung klein, kleiner als die Frau, abgewandt, im Weggehen begriffen.
Da erstaunt es nicht, dass der Vater allein zurückbleibt und Johannes und Jakobus gemeinsam mit ihrer Mutter Jesus nachfolgen (Mt 27,56).

Wende dich noch einmal dem Text zu. Schreibe die Geschichte um in ein **Theaterstück mit Regieanweisungen**. Übertrage dabei den Text in heutige Sprache.

AUS UNSEREN NOTIZBLÄTTERN

Theaterstück nach Mt 20,20–28

Mutter tritt auf, begleitet von ihren Söhnen, fällt vor Jesus nieder: Meister, ich möchte dich um etwas bitten!
Jesus: Was willst du?
Mutter: Gib meinen Söhnen einen Sonderplatz in deinem himmlischen Reich, ganz nah bei dir. Einer soll rechts von dir sitzen, der andere links.
Jesus, zu den Söhnen gewendet: Ist euch eigentlich klar, worum ihr gerade bittet? Kennt ihr den Spruch: Wen Gott bestrafen will, dem erfüllt er seine Bitten? Wisst ihr, welcher Leidensweg mit der Erfüllung dieser Bitte verbunden ist? Könnt ihr den gehen?
Söhne: Ja, das können wir.

Jesus: Selbst das nützt euch nichts. Ihr werdet zwar leiden, im Leben und im Sterben wie ich. Aber es steht trotz allem nicht in meiner Macht, euch im Himmelreich bevorzugte Plätze zu geben. Das bestimmt allein Gott, mein Vater.
Die zehn übrigen Jünger, untereinander ärgerlich murrend: Was nehmen die sich heraus! Immer wollen sie etwas Besonderes sein und haben! Und dann schicken sie noch ihre Mutter vor ... Haben nicht einmal den Mut, ihre Ansprüche selber vorzubringen. Ich hätte auch gern einen Sonderplatz und eine Sonderbehandlung.
Jesus: Kommt alle her! Was ich zu sagen habe, geht euch alle an. Ihr wisst, wie es in der Welt zugeht. Da gibt es Oben und Unten. Da unterdrücken die Starken die Schwachen. Es herrscht ein einziger Machtkampf. Es zählen Leistung, Macht, Geld. So soll es bei euch nicht sein. Sondern wie ich gekommen bin, euch zu dienen, so sollt ihr einander dienen.
Alle ab.

Jesus wehrt die unangemessenen Ansprüche von Mutter und Söhnen Schritt für Schritt ab. Vollziehe diese Schritte nach und frage dich dann jeweils: Was bedeutet das für mich und mein Leben?

<u>Schritt 1</u>

Jesus fragt: Was willst du? Jesus nimmt jeden, der mit einem Anliegen zu ihm kommt, ernst, zwingt allerdings auch jeden, seinen Wunsch klar auszusprechen. (Auch Kranke fragt er immer wieder: Was willst du?)

Das heißt für mich ...

<u>Schritt 2</u>

Jesus spricht zu »ihnen«: Er wendet sich mit seiner Reaktion an die Söhne, nicht an die Mutter.

Damit deckt er die unnatürliche Mutter-Söhne-Symbiose auf. Die Mutter hat zwar die Bitte ausgesprochen, doch dahinter steckt das Anliegen der Söhne.

Also antwortet er denen, die die eigentlichen Bittsteller sind, und entlarvt so ihre Methode, die Mutter zum Sprachrohr zu machen.

Das heißt für mich ...

Schritt 3
Jesus versucht, den beiden Jüngern die Augen zu öffnen für das Ausmaß ihrer Bitte. Mit einer Frage – *Könnt ihr den Kelch trinken, den ich trinke?* – bezieht er sie ein, versucht sie dahin zu führen, dass sie selbst erkennen: Wir sind übers Ziel hinausgeschossen.

Das heißt für mich ...

Schritt 4
Jesus lehnt die Bitte ab, verweist auf die Zuständigkeit Gottes. Er gibt ihnen zu verstehen, dass seine Kompetenz überschritten ist. Damit zeigt er die Unangemessenheit der Bitte.

Das heißt für mich ...

Schritt 5
Jesus entwirft eine Vision des Zusammenlebens.

Ohne Vorwürfe zu machen oder die Unbescheidenheit und Überheblichkeit der beiden Jünger zu verurteilen, bietet er ihnen ein ganz neues Lebenskonzept an – für die Gegenwart, nicht erst die Zukunft in einer besseren Welt –, in das er die anderen mit einbezieht.

Das heißt für mich ...

AUS UNSEREN NOTIZBLÄTTERN

Bedeutung der Schritte Jesu für mein Leben

Schritt 1: Wenn ich merke, dass jemand mich um etwas bitten will, höre ich mir erst einmal unvoreingenommen und in Ruhe sein Anliegen an. Das heißt, ich begegne ihm weder mit der inneren Einstellung: Das mache ich sowieso nicht, noch mit der grundsätzlichen Haltung: Ich helfe auf jeden Fall!

Schritt 2: Sobald ich beim anderen »falsche Töne« spüre, eine unausgesprochene Botschaft höre, merke, dass etwas nicht stimmt, signalisiere ich ihm in irgendeiner Form, dass ich das nicht mitmache.

Schritt 3: Erkenne ich, dass die Bitte unangemessen ist oder dass niedrige Beweggründe dahinterstecken, versuche ich im anderen ein Gespür dafür zu wecken, ihn zum Nachdenken zu bringen.

Schritt 4: Habe ich mit Schritt 3 keinen Erfolg, muss ich ein klares Nein aussprechen. Ich liefere keine Begründung. Gegebenenfalls berufe ich mich auf eine höhere Autorität.

Schritt 5: Ich verbinde mein Nein nicht mit persönlicher Verurteilung – »deine Bitte ist ziemlich unverschämt, dein Anliegen völlig unangemessen« –, sondern versuche dem anderen neue Möglichkeiten zu zeigen, Wegweisung zu geben.

Eine wahre Beispielgeschichte

Eine Nachbarin bittet mich in ihre Wohnung, weil sie eine Bitte an mich hat. Ich gehe darauf ein und sitze bei ihr im Wohnzimmer. (*Schritt 1*)

Ihr erwachsener Sohn ist auch anwesend. Er ist gerade aus dem Ausland zurückgekommen, wohnt jetzt vorübergehend bei ihr. Doch es ist sehr eng, sie hat nur eine kleine Zwei Zimmer-Wohnung.

Nachbarin (im Beisein ihres Sohnes): Ich dachte, da Sie doch drei Zimmer haben, Sie könnten meinen Sohn eine Zeit lang in Ihrer Wohnung schlafen lassen – bis er etwas Eigenes gefunden hat. Es wäre auch nur zum Schlafen, tagsüber könnte er bei mir sein und auch mein Bad benutzen.

Ich (zum Sohn): Haben Sie schon das Ehepaar X im 2. Stock gefragt? Die haben ja eine große Fünf-Zimmer-Wohnung. Oder vielleicht Frau Y in der Wohnung neben mir? Die hat auch drei Zimmer. (*Schritt 2*: Ich gebe zu verstehen, dass sie mich für gutmütig/dumm genug halten, so etwas zu fragen – anderen würden sie das nicht zumuten.)

Nachbarin: Nein ... wir dachten ... dass Sie ...

Ich (zum Sohn): Würden Sie das denn wirklich wollen? Ich meine, wir kennen uns doch gar nicht. Glauben Sie, Sie könnten in meiner Wohnung schlafen, ohne dass ich in meinem Privatleben gestört oder beeinträchtigt wäre? (*Schritt 3*)

Sohn: Ja, ich denke schon.

Ich: Wenn ich es mir richtig vorstelle, merke ich doch, dass das für mich ein Eingriff in meine Privatsphäre wäre. Das möchte ich nicht. (*Schritt 4*)

Sie können sicher in der Nähe irgendwo ein Zimmer zur Untermiete bekommen, bis Sie etwas Eigenes finden. Und immerhin sitzen Sie ja nicht auf der Straße! (*Schritt 5*)

2. Eindeutig sprechen

a) Ein Nein bleibt ein Nein

Wenn die Beziehung nicht stimmt

Und als er (Jesus) sich auf den Weg machte, lief einer herbei, kniete vor ihm nieder und fragte ihn: Guter Meister, was soll ich tun, damit ich das ewige Leben ererbe? Aber Jesus sprach zu ihm: Was nennst du mich gut? Niemand ist gut als Gott allein. Du kennst die Gebote: »Du sollst nicht töten; du sollst nicht ehebrechen; du sollst nicht stehlen; du sollst nicht falsch Zeugnis reden; du sollst niemanden berauben; ehre Vater und Mutter.«
Er aber sprach zu ihm: Meister, das habe ich alles gehalten von meiner Jugend auf. Und Jesus sah ihn an und gewann ihn lieb und sprach zu ihm: Eines fehlt dir. Geh hin, verkaufe alles, was du hast, und gib's den Armen, so wirst du einen Schatz im Himmel haben, und komm und folge mir nach. Er aber wurde unmutig über das Wort und ging traurig davon; denn er hatte viele Güter.
Mk 10,17–22 (Lutherübersetzung)

- Stell dir vor, du bist Jesus und sprichst am Abend dieses Tages mit Maria Magdalena, die dein besonderes Vertrauen hat, über diesen Vorfall. Du kannst mit ihr ganz offen über deine Gefühle und Gedanken reden.
- Stell dir vor, du bist der reiche Jüngling. Am Abend dieses Tages besprichst du das, was du erlebt hast, mit deiner Freundin.

AUS UNSEREN NOTIZBLÄTTERN

Gespräch Jesu mit Maria Magdalena
M.M.: Du wirkst nachdenklich. Willst du erzählen, was dich beschäftigt?
Jesus: Mir geht ein junger Mann nicht aus dem Kopf, der mir heute begegnet ist, ein ungewöhnlich frommer Jude, der alle Gebote von Kind an gehalten hat. Er kam zu mir und wollte wissen, was er tun muss, um das ewige Leben zu bekommen. Er spürte wohl, dass es nicht getan ist mit dem Halten der Gebote.

M.M.: Obwohl das sehr viel ist. Wer kann das schon von sich sagen: Ich habe immer alle Gebote gehalten!

Jesus: Ja, aber es hat ihn nicht befriedigt. Er spürte, dass ihm etwas Wesentliches noch fehlt. Ich hatte das Gefühl, er ist ein echter und ernsthafter Gottsucher.

M.M.: Echte, ernsthafte Gottsuche – genügt das nicht schon?

Jesus: Ja, aber echte, ernsthafte Gottsuche ist nur möglich in der Nachfolge.

M.M.: Und? Hast du ihn eingeladen, dir zu folgen?

Jesus: Das habe ich. Ich wollte ihn so gerne als Jünger haben. Aber er war nicht frei. Solange er nicht frei ist, kann er mir nicht nachfolgen.

M.M.: Was fehlte ihm? Das muss etwas sein, das ich habe – und ich habe eigentlich gar nichts ...

Jesus: Ihm fehlte die Fähigkeit loszulassen. Du hattest sieben böse Geister, warst besessen von ihnen, aber du hast sie losgelassen. Er hat viele Reichtümer, auch das können böse Geister sein. Er kann sie nicht loslassen.

M.M.: Vielleicht lernt er es mit der Zeit. Erlaube ihm doch erst einmal, mit dir zu gehen.

Jesus: Nein.

M.M.: Wie hart du bist! Hast du ihn etwa weggeschickt?

Jesus: Ja. Er ist gegangen. Er war traurig. Er war traurig darüber, dass er nicht loslassen kann, dass er nicht frei ist. Auch ich war traurig, bin es noch. Aber es gibt keine andere Möglichkeit.

M.M.: Mit ein wenig Kompromissbereitschaft ...

Jesus: Nein.

M.M.: Meinst du, er kommt noch einmal?

Jesus: Das ist meine Hoffnung. Wenn seine Sehnsucht groß genug ist ... Wenn er loslassen kann, woran sein Herz noch hängt ... Dann ist er frei, frei für Gott ...

Gespräch zwischen dem reichen Jüngling und seiner Freundin

Freundin: Warum bist du so bedrückt heute?

Jüngling: Ich habe Jesus aufgesucht, diesen Wanderprediger, der das Himmelreich verkündet. Wer ihn einmal gesehen hat, kommt nicht mehr los von ihm. Wer ihn einmal gehört hat, vergisst ihn nie mehr.

Freundin: Das klingt beeindruckend. Eine solche Begegnung muss doch eher beglückend sein.

Jüngling: Er wollte, dass ich alle meine Güter verkaufe und ihm nachfolge. Alles verkaufen – das konnte ich nicht. Ich wurde wütend auf ihn wegen seines radikalen Anspruchs. Dann wurde ich aber auch wütend auf mich, weil ich diesen Anspruch nicht erfüllen konnte. Und so bin ich traurig weggegangen.

Freundin: Na und? Er wollte, dass du alles hergibst, und du wolltest das nicht. Mit Recht. So etwas Verrücktes. Du bist dir treu geblieben. Du hast weder dir noch ihm etwas vorgemacht. Du hast dich richtig entschieden.
Jüngling: Da bin ich eben nicht so sicher. Er hat mich angeschaut. In seinem Blick lag so viel Liebe. Ich kann diesen Blick nicht vergessen.
Freundin: Na hör mal! Was hättest du denn gemacht, wenn du alles hergegeben hättest? Alles??
Jüngling: Ich wäre ihm nachgefolgt.
Freundin: Das wird ja immer besser! Und ich??
Jüngling: Du hättest mitgehen können ...

Kannst du aus dem Verhalten Jesu und dem des jungen Mannes etwas ableiten für dein eigenes Verhalten beim Nein-Sagen?

Kompromisse können sicher manchmal gut und richtig sein. Aber es ist falsch, einen Kompromiss zu machen, nur um Schmerz zu vermeiden, einem Konflikt aus dem Weg zu gehen. Wie viele Neins werden zum Beispiel in der Erziehung rückgängig gemacht, auch aus Schwäche und Bequemlichkeit!

Jesus ermutigt, ein klares Nein zu sprechen, wenn es nötig ist, und dabei auch zu bleiben. Dass dadurch eine Beziehung zerbrechen kann, abgebrochen wird, ist in Kauf zu nehmen. Auch wenn das beide Beteiligten traurig macht, ist es besser, diese Trennung zu vollziehen als eine halbherzige, von Kompromissen geprägte Beziehung aufrechtzuerhalten.

Ein Nein, das sein muss, das für mich »stimmt«, kann beiden wehtun – dem, der es hört, und dem, der es sagt. Und trotzdem muss es ausgesprochen werden. Dieses scheinbar harte Nein bringt beiden etwas: Der, der es sagen muss, ist sich und seiner Sache treu geblieben. Der, der es hört, erhält nur dadurch eine Chance zu Veränderung und Entwicklung.

Das Nein, das Jesus sagt, ist allerdings frag-würdig, denn eigentlich hat niemand das Recht, zu einem anderen zu sagen: Schenke dich mir ganz oder gar nicht! Lass alles andere, alle anderen los. Verlass dein bisheriges Leben, deine Bindungen, dein Vermögen und beginne neu. Ich möchte, dass du mir gehörst, uneingeschränkt. Aber genau dies verlangt Jesus von dem jungen Mann. Er sagt zu ihm: *Eines fehlt dir.* Er hätte ebenso gut sagen können: »Nur eines brauchst du«: *Geh hin, verkauf alles, was du hast, und folge mir nach.* Es ist dieselbe Ausschließlichkeit und Kompromisslosigkeit, mit der Jesus auch seine Jünger berufen hat. Kein Mensch darf eine solche Ausschließlichkeit fordern. So eine bedingungslose Hingabe darf nur Jesus, nur Gott fordern.

So merkwürdig es klingt: Auch das Nein des jungen Mannes hat in gewisser Weise Vorbildcharakter. Er hat seine Grenzen erkannt, akzeptiert und die schmerzliche Konsequenz daraus gezogen.

Mit mir nicht!

> *Und alsbald stieg er mit seinen Jüngern in das Boot und kam in die Gegend von Dalmanuta. Und die Pharisäer kamen heraus und fingen an, mit ihm zu streiten, versuchten ihn und forderten von ihm ein Zeichen vom Himmel. Und er seufzte in seinem Geist und sprach: Was fordert doch dieses Geschlecht ein Zeichen? Wahrlich, ich sage euch: Es wird diesem Geschlecht kein Zeichen gegeben werden! Und er verließ sie und stieg wieder in das Boot und fuhr hinüber.*
>
> Mk 8,10–13 (Lutherübersetzung)

Besonders wichtig ist ein Nein den Menschen gegenüber, die es nicht gut mit mir meinen, die in böser, ja, hinterhältiger Weise auf mich zukommen. Zunächst einmal gilt es, ihre Absicht zu erkennen. Jesus kommt mit dem Schiff in die Gegend von Dalmanuta und schon eilen die Pharisäer herbei und suchen Streit mit ihm: Sie begehren ein Zeichen vom Himmel. Der Streit ist nicht eindeutig sofort als solcher zu erkennen. Denn in ihrem Wunsch nach einem Zeichen vom Himmel liegt ja für Jesus eine große Versuchung – dieselbe Versuchung, vor die er schon einmal gestellt war: »Bist du Gottes Sohn, so mach aus diesen Steinen Brot ... Bist du Gottes Sohn, so stürz dich hinab ...« Nichts möchte er lieber, als allen die Herrlichkeit Gottes vor Augen führen. Nichts möchte er lieber, als ihnen durch ein Zeichen vom Himmel die Augen öffnen für das Himmelreich. Mit subtiler Bosheit packen ihn die Pharisäer da, wo er am leichtesten zu packen ist.

Menschen, die uns nicht wohlgesonnen sind, haben oft ein sehr feines Gespür für unsere wunden Punkte. Sie sprechen unsere Eitelkeit an oder unser Machtstreben, unseren Wunsch nach Anerkennung oder Respekt, unsere übertriebene Neigung, immer und überall zu helfen, oder unseren Eifer für eine bestimmte Sache, für Gerechtigkeit zum Beispiel. Die Gefahr ist, dass wir Menschen die Unaufrichtigkeit dahinter nicht erkennen. Jesus aber durchschaut die Absicht der Pharisäer und spricht ein klares »Mit mir nicht!«.

Versuche, das aggressive Vorgehen der Pharisäer und die Reaktionen Jesu in Form von **unterschiedlichen Pfeilen** schematisch darzustellen!

AUS UNSEREN NOTIZBLÄTTERN

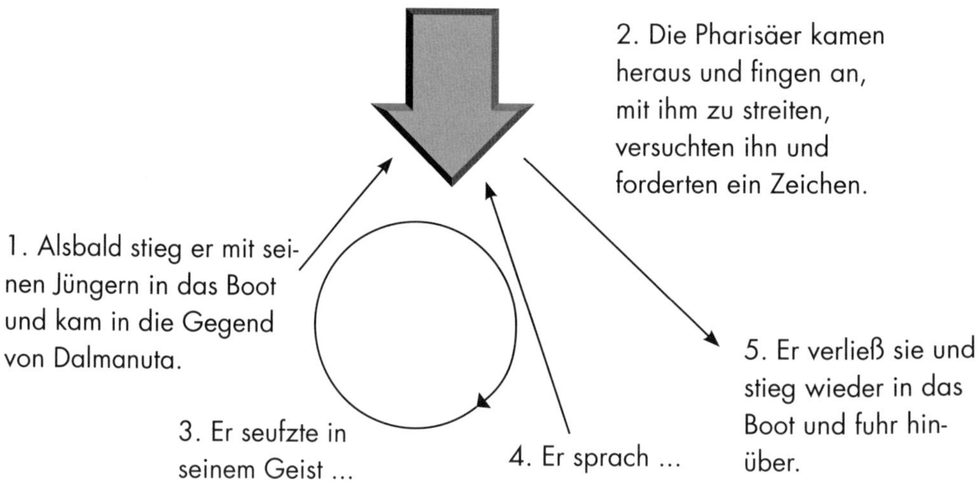

Betrachte die Pfeile und leite daraus ab, wie bei einem klaren Nein auf eindeutige Feindseligkeit und Aggression schrittweise vorzugehen ist.

1. Schritt: Jesus kommt in die Gegend von Dalmanuta.
2. Schritt: Er seufzte in seinem Geist.
3. Schritt: Er sprach: Wahrlich, ich sage euch ...
4. Schritt: Er verließ sie.

Schrittweises Vorgehen beim klaren Nein

1. Schritt: Jesus kommt in die Gegend von Dalmanuta.

Weiche der »Gegend«, in der es zum Konflikt kommen könnte, in der du mit Aggression und Feindseligkeit rechnen musst, nicht aus. Du bist stark genug, dich dem zu stellen!

2. Schritt: Er seufzte in seinem Geist.

Reagier nicht sofort! Jesus seufzte *in seinem Geist*, Jesus zieht sich in sich selbst zurück, spürt die Versuchung, spürt die Verlogenheit, nimmt seine Gefühle wahr. Hinter dem »Seufzen« mag sich Resignation verbergen oder Ärger oder Ungeduld oder Angestrengtsein. Jedenfalls erlaubt er sich diese Reaktion, die ihm auch zu Klarheit verhilft.

Geh erst einmal in dich, horch in dich, achte auf deine Gefühle und nimm sie ernst.

3. Schritt: Er sprach: Wahrlich, ich sage euch ...

Sprich ein klares Nein. Jesus wendet sich den Gegnern noch einmal zu und sagt Nein – und zwar so eindeutig, so klar, dass es keinen Widerspruch duldet. Er unterstreicht das Nein mit seinem berühmten *Wahrlich, ich sage euch*, das er nur dann verwendet, wenn er etwas sehr Endgültiges und Grundsätzliches sagt.

Gefährlich sind die vielen Neins, die halbherzig gesagt werden, und die Ausreden, die gefunden werden: »Eigentlich möchte ich das jetzt nicht so gerne tun.« »Im Moment passt mir das nicht so gut.« Wer sich mit halbherzigen Neins ständig verbiegt, tut sich selbst nichts Gutes und bleibt dem anderen die Wahrheit schuldig.

4. Schritt: Er verließ sie.

Brich die Beziehung ab. Jesus wendet sich ab, verlässt die Gegner, ehe sie noch etwas antworten können: *Er verließ sie und stieg wieder in das Boot und fuhr hinüber.* Wenn es nichts mehr zu diskutieren gibt, wenn das Nein eindeutig gesagt ist, dann geh weg! Gib dem anderen keine Gelegenheit mehr zu einem Aber. Tritt – im übertragenen Sinn – in dein Schiff und fahr!

b) Ein Nein wird zum Ja

Konsequent, nicht stur

Bevor wir uns einer Beispielgeschichte Jesu zuwenden, schauen wir ein Beispiel aus unserer Zeit an:

In einer Unterrichtsstunde meldet sich ein Mädchen, das Legasthenikerin ist, zum Vorlesen. Die Lehrerin sagt: Nein, das dauert zu lang, du bist doch Legasthenikerin.

Unterschiedliche Reaktionen des Kindes sind denkbar (wenn es nicht sofort resigniert verstummt!):

a) Die Erna durfte aber letztes Mal vorlesen, und die ist auch Legasthenikerin!
b) Bei Herrn X durfte ich aber vorlesen!
c) Ich bin Legasthenikerin, aber nicht Analphabetin!
d) Meine Therapeutin hat aber gesagt, ich soll vorlesen!
e) Ja, ich weiß, aber darf ich wenigstens einen Satz lesen?

Welche unausgesprochenen Botschaften enthalten die Reaktionen? Welche Reaktion wird die Lehrerin am ehesten umstimmen? Warum?

AUS UNSEREN NOTIZBLÄTTERN

Die Botschaften

a) Sie sind ungerecht!
b) Der Herr X ist viel netter als Sie und ein besserer Lehrer!
c) Ich lass mich von Ihnen nicht beleidigen!
d) Sie haben ja keine Ahnung, wie man Legastheniker richtig behandelt!
e) Stimmt, ich weiß, dass ich Legasthenikerin bin und alle aufhalte, wenn ich vorzulesen versuche. Das ist schwierig für Sie. Aber wenn ich nur mal einen Satz versuche, geht es vielleicht.

Die günstigste Reaktion

Bei der Lösung e) gibt die Schülerin der Lehrerin recht, zeigt Verständnis für sie und beschränkt ihre Bitte auf ein bescheidenes Mindestmaß. Die Lehrerin muss sich nicht angegriffen fühlen. Sie vergibt sich nichts, wahrt ihr »Gesicht«, wenn sie die Bitte erfüllt.

Schauen wir nun eine Geschichte an, in der Jesus sich bei der Beurteilung einer ganz existenziellen Frage umstimmen lässt, und das nicht von jemandem, dessen Kompetenz er schätzt, dessen Klugheit und theologische Erfahrung er anerkennt, sondern von einer Frau, noch dazu einer heidnischen Frau.

> *Von dort zog sich Jesus in das Gebiet von Tyrus und Sidon zurück. Da kam eine kanaanäische Frau aus jener Gegend zu ihm und rief: Hab Erbarmen mit mir, Herr, du Sohn Davids! Meine Tochter wird von einem Dämon gequält. Jesus aber gab ihr keine Antwort. Da traten seine Jünger zu ihm und baten: Befrei sie, denn sie schreit hinter uns her. Er antwortete: Ich bin nur zu den verlorenen Schafen Israels gesandt. Doch die Frau kam, fiel vor ihm nieder und sagte: Herr, hilf mir! Er erwiderte: Es ist nicht recht, das Brot den Kindern wegzunehmen und den Hunden vorzuwerfen.*
> Mt 15,21–26 (Einheitsübersetzung)

Wie könnte die Frau auf diese Worte Jesu reagieren? Falls du die Geschichte kennst, so versuche dennoch unterschiedliche Möglichkeiten einer Antwort als **Textvarianten** zu finden!

Welche impliziten Botschaften enthalten die jeweiligen Antworten?

AUS UNSEREN NOTIZBLÄTTERN

Mögliche Reaktionen der Frau

a) Aber du hast doch schon so viele Menschen geheilt.
b) Fragst du immer zuerst, ob ein Mensch deiner Hilfe »wert« ist?
c) Ja, aber ich bin doch kein Hund!
d) Auch meine Tochter ist ein Kind Gottes!

Die impliziten Botschaften

a) Du bist unbarmherzig zu mir.
b) Du solltest dein Wertesystem überprüfen!
c) Dein Vergleich hinkt!
d) Du kennst Gott nicht richtig!

Jetzt lies ihre Antwort:

Ja, du hast recht, Herr! Aber selbst die Hunde bekommen von den Brotresten, die vom Tische ihrer Herren fallen. Darauf antwortete Jesus: Frau, dein Glaube ist groß. Was du willst, soll geschehen. Und von dieser Stunde war ihre Tochter geheilt.

Mt 15,27–28 (Einheitsübersetzung)

Wie hat die Frau es erreicht, dass aus dem Nein Jesu ein Ja wurde?
1. Sie ist beharrlich drangeblieben.
2. Sie war nicht zu stolz, zu bitten, ja, zu betteln.
3. Sie hat Jesus nicht widersprochen. Sie hat nicht gegen ihn argumentiert, sondern mit seinem Argument eine weiterführende Lösung gesucht.

Bisher haben wir unser Augenmerk auf die Frau gerichtet und gefragt: Wie gelingt es ihr, aus dem Nein ein Ja zu machen? Nun betrachten wir das Thema aus der Position Jesu und stellen uns die Frage: Wann bzw. wodurch wird bei ihm aus einem Nein ein Ja? Wie lässt sich das übertragen auf unser Leben?

1. Es ist wichtig, zunächst zu schauen, wo Jesus herkommt: Er hat heftige Auseinandersetzungen mit den Pharisäern hinter sich, er hat versucht, dem Volk zu predigen, und die Erfahrung gemacht, dass selbst seine Jünger, seine engsten Freunde, ihn nicht verstanden haben (*Seid denn auch ihr noch immer unverständig? Merkt ihr nicht ...? Mt 15,16*). Jesus ist enttäuscht, wohl auch erschöpft. Er braucht jetzt Ruhe, Rückzug. Deswegen begibt er sich in griechisches, das heißt für die Juden: heidnisches Gebiet, die Gegend von Tyrus und Sidon. Dort kennt und bedrängt ihn niemand.

Das heißt für mich ...

2. Aus der Ruhe wird nichts. Eine Frau schreit ihm nach. Jesus fühlt sich belästigt. Er tut, als höre er die Frau nicht, geht weiter, ohne sie zu beachten. Er, der den blinden Bettler am Wegrand hört, der die gekrümmte Frau hinten in der Synagoge sieht, nimmt sich die Freiheit, einfach nicht hinzuhören, nicht hinzusehen. Auch Jesus, den wir uns immer als durch und durch gütig, barmherzig, liebevoll und geduldig vorstellen, kann so reagieren: *Jesus aber gab ihr keine Antwort.*

Das heißt für mich ...

3. Die Jünger neigen dazu, der Frau nachzugeben, dann ist sie wenigstens still, dann ist endlich Ruhe. Aber Jesus wandelt seine ablehnende Haltung nicht in eine zustimmende, nur um seine Ruhe zu haben. Er macht nicht aus einem Nein ein Ja, weil es bequemer ist. So erklärt er seinen Jüngern kurz, aber ohne Widerspruch zu dulden: Ich bin hier nicht zuständig. *Ich bin nur zu den verlorenen Schafen Israels gesandt.*
Das heißt für mich ...

4. Die Frau gibt sich damit nicht zufrieden. Sie läuft um Jesus herum, ist jetzt vor ihm, wirft sich auf die Knie und fleht: *Herr, hilf mir.* Da ist jemand entweder unglaublich penetrant oder ungeheuer verzweifelt. Vielleicht ist sich Jesus noch nicht im Klaren darüber: ist es das eine oder das andere? Jedenfalls bleibt er bei seinem Nein, begründet es aber: *Es ist nicht recht, das Brot den Kindern wegzunehmen und den Hunden vorzuwerfen.*

Das heißt für mich ...

5. Mit seinem ablehnenden Wort hat Jesus immerhin mit der Frau Kontakt aufgenommen. Nachdem er sie zunächst einfach übersehen und überhört hat, hat er in einem zweiten Schritt wenigstens, an die Jünger gerichtet, seine Ablehnung begründet und wendet sich nun mit einem, wenn auch sehr schroffen Nein direkt an sie. Damit gibt er ihr die Chance zu antworten. Ihre Antwort überzeugt ihn und nun zögert er keinen Augenblick, sein Ja zu sprechen.

Das heißt für mich ...

AUS UNSEREN NOTIZBLÄTTERN

Die Position Jesu als Richtlinie für mich

1. Ich darf Nein sagen. Ich muss nicht immer da sein für die anderen. Wenn ich erschöpft, müde, resigniert bin, darf, ja, muss ich mich zurückziehen »in eine einsame Gegend«, darf ich den Menschen, die mich brauchen, aus dem Weg gehen.

2. Solch aufdringliche Menschen, die uns hinterherlaufen, uns mit ihrem Gejammere – oft ist es die ewig gleiche Leier – bedrängen, beachtet man am besten gar nicht. Es ist erlaubt, einfach weiterzugehen, wenn jemand lästig wird.

Allerdings gilt es zu unterscheiden: Wann hört einer nicht auf zu schreien, weil die Not so groß ist, und wann ist jemand unangemessen aufdringlich?

3. Es wäre eine falsche Entscheidung, aus einem Nein ein Ja zu machen, damit endlich Ruhe ist, den Weg des geringsten Widerstands zu gehen. Das ist bequem, aber unehrlich.

4. Solange ich mir nicht im Klaren darüber bin, ob der andere ehrlich verzweifelt oder nur lästig, aufdringlich, unverschämt ist, breche ich den Kontakt nicht ab, bleibe aber bei meinem Nein, begründe es auch.

5. Sobald wir nicht nur Nein sagen, sondern unser Nein begründen, öffnen wir dem anderen eine Tür: Wir geben Gelegenheit für ein Gegenargument. Mag sein, dass uns dieses Gegenargument nicht überzeugt. Dann bleiben wir mutig beim Nein. Es mag aber auch sein, dass wir umgestimmt werden. Dann machen wir ebenso mutig aus dem Nein ein Ja.

Durch seine Wendung vom Nein zum Ja ist in Jesus eine sensationell neue Erkenntnis gewachsen: Ich bin für alle da! Nationalität, Religion, Geschlecht spielen keine Rolle. Weil er nicht zu früh vom Nein zum Ja umgeschwenkt ist, weil er aber auch nicht zu lange auf dem Nein beharrte, konnte er für sich einen völlig neuen Weg, eine völlig neue Deutung seines Auftrags erkennen.

Wer ehrlich einen Prozess vom Nein zum Ja durchläuft, der wird Erfahrungen machen, die erstaunliche Möglichkeiten eröffnen und die heilsam sein können für den anderen, für die Beziehung.

Die Not erkennen

Als das Jesus hörte, fuhr er von dort weg in einem Boot in eine einsame Gegend allein. Und als das Volk das hörte, folgte es ihm zu Fuß aus den Städten. Und Jesus stieg aus und sah die große Menge; und sie jammerten ihn, und er heilte ihre Kranken.

Mt 14,13–14 (Lutherübersetzung)

Versuche hineinzugehen in die Seelenlandschaft Jesu – es geht dabei nicht um die Landschaft der Geschichte! Es geht darum, **Landschaftsbilder** für die unterschiedlichen Stimmungen Jesu in den einzelnen Szenen der Geschichte zu finden. Du kannst dabei unterschiedlich vorgehen:

1. Suche in der Kunst, z.B. auch über Internet, jeweils ein passendes Bild.
2. Male selbst Bilder, in denen sich Jesu Stimmung ausdrückt, sei es auch nur in Farbflächen unterschiedlicher Form und Größe.
3. Beschreibe die jeweilige innere Landschaft in Worten.

Als das Jesus hörte ... (er hat eben die Nachricht erhalten, dass Johannes der Täufer geköpft wurde, siehe Mt 14,10–12),
fuhr er von dort weg in einem Boot
in eine einsame Gegend allein.
Und Jesus stieg aus und sah die große Menge;
und sie jammerten ihn,
und er heilte ihre Kranken.

Jesus ist vom Nein des Rückzugs zum Ja uneingeschränkter, vorbehaltloser Hinwendung gekommen. Kannst du an deinen Bildern/Texten einen Entwicklungsprozess ablesen?

AUS UNSEREN NOTIZBLÄTTERN

Die Seelenlandschaften Jesu

Als das Jesus hörte

Ich sehe ein nebelverhangenes düsteres Tal, wenige windgepeitschte schiefe Tannen und dürre Bäume, die kahle Äste gen Himmel strecken. Dort ballen sich grauschwarze Gewitterwolken. Über zerklüfteten Felswänden zuckt ein greller Blitz.

fuhr er von dort weg in einem Boot
Aus einer engen Schlucht führt ein Waldweg sacht ansteigend nach oben. Dort öffnet sich die Landschaft, wird weiter, heller. Der Weg schlängelt sich durch sanfte grüne Matten.

in eine einsame Gegend allein.
Ich sehe eine Wüstenlandschaft vor mir, rötlich-gelber Sand, sanfte Dünen, darüber ein tiefblauer Himmel – Ruhe, Einsamkeit, Stille.

Und Jesus stieg aus und sah die große Menge;
Über schneebedeckten Feldern wölbt sich ein bleicher Winterhimmel. Silbrig bricht sich die Sonne Bahn. Unter einige kahle Bäume duckt sich ein dunkler Schuppen.

und sie jammerten ihn
Auf einer Wiese steht eine starke knorrige Eiche mit kräftigen Wurzeln. Durch das Blätterdach der ausladenden Zweige fällt Sonnenlicht. Eine Bank lädt ein zum Verweilen.

und er heilte ihre Kranken.
Aus einer Felswand sprudelt eine Quelle und wird zu einem Bergbach, in dem Steine in der Sonne glitzern. Am Ufer des Baches blühen fette Dotterblumen.

Der Entwicklungsprozess

Im finsteren Tal der Trauer, der Wut und der Angst muss ein Nein gesprochen werden, ein Nein zu allen Anforderungen von außen. Da ist kein Platz für fremdes Elend.
Manchmal kann man, selbst noch »in finsterer Schlucht« oder »im dunklen Tal«, einen Weg erkennen, der nach oben führt. Der Blick kann sich wieder weiten.
Es ist Zeit, sich »in der Wüste« Ruhe zu gönnen.
Ein Umschwung bahnt sich an. Aber noch ist Wartezeit.
Das Kreisen um eigene Gefühle hört auf. Andere Menschen rücken wieder ins Bewusstsein. Die Kraft kehrt zurück.
Das Leben sprudelt. Ein Ja, eine Hinwendung zum anderen ist jetzt wieder notwendig.

3. Bedürfnisse äußern

Wage zu schreien!

Und sie kamen nach Jericho. Und als er aus Jericho wegging, er und seine Jünger und eine große Menge, da saß ein blinder Bettler am Wege, Bartimäus, der Sohn des Timäus. Und als er hörte, dass es Jesus von Nazareth war, fing er an zu schreien und zu sagen: Jesus, du Sohn Davids, erbarme dich meiner! Und viele fuhren ihn an, er solle stillschweigen. Er aber schrie noch viel mehr: Du Sohn Davids, erbarme dich meiner!
Und Jesus blieb stehen und sprach: Ruft ihn her! Und sie riefen den Blinden und sprachen zu ihm: Sei getrost, steh auf! Er ruft dich! Da warf er seinen Mantel von sich, sprang auf und kam zu Jesus. Und Jesus antwortete und sprach zu ihm: Was willst du, dass ich für dich tun soll? Der Blinde sprach zu ihm: Rabbuni, dass ich sehend werde. Jesus aber sprach zu ihm: Geh hin, dein Glaube hat dir geholfen. Und sogleich wurde er sehend und folgte ihm nach auf dem Wege.

Mk 10,46–52 (Lutherübersetzung)

Geh mit der Bearbeitung des Textes folgendermaßen vor:

- Lies die Geschichte aufmerksam durch.
- Versuche nun nach dem Lesen, sie aus dem Gedächtnis **so wörtlich wie möglich** aufzuschreiben. Schreib in jede Zeile nur einen Satz und lass jede zweite Zeile leer.
- Vergleiche deinen Text mit dem Bibeltext und schreibe jeweils in die leeren Zeilen in einer anderen Farbe das, was du ausgelassen oder verändert hast.

Im Folgenden sind die Worte/Ausdrücke/Sätze, an denen beim Niederschreiben aus dem Gedächtnis etwas verändert wurde, durchgestrichen und der eigentliche biblische Text steht kursiv darüber.

kamen nach
Und sie ~~zogen durch~~ Jericho.

er aus Jericho wegging, er und seine Jünger und eine große Menge,
Und als ~~sie aus Jericho kamen~~,

Weg
saß ein blinder Bettler am ~~Rand~~, Bartimäus, der Sohn des Timäus.

es Jesus von Nazareth war, fing er an zu schreien und zu sagen:
Als der hörte, dass ~~Jesus von Nazareth vorbeikam, rief er:~~

Jesus, du Sohn Davids, erbarme dich meiner.

Und viele fuhren ihn an, er solle stillschweigen.
~~Die Jünger aber wehrten ihm, denn er schrie Jesus nach.~~

Er aber schrie noch viel mehr: Du Sohn Davids, erbarme dich meiner!

- -

Jesus aber blieb stehen und sprach: Ruft ihn her!

Und sie riefen den Blinden und sprachen zu ihm:
~~Da sagten sie zu dem Blinden~~:

Sei getrost, steh auf, er ruft dich!

von sich, sprang auf
Bartimäus warf seinen Mantel ~~ab~~ und kam zu Jesus.

antwortete und sprach zu ihm:
Jesus ~~fragte ihn~~:

Was willst du, dass ich für dich tun soll?
~~Was willst du?~~

Der Blinde sprach zu ihm:
~~Er antwortete~~

Rabbuni, dass ich sehend werde.
~~Dass ich sehen kann, Herr.~~

Jesus aber sprach zu ihm: Geh hin,
~~Da sprach Jesus~~: Dein Glaube hat dir geholfen.

auf dem Wege.
Und alsbald ward er sehend und folgte Jesus nach.

Betrachte Schritt für Schritt deine »Verbesserungen« des Textes und frage dich, ob das etwas mit dir, deinem Glauben und deiner Fähigkeit, Bedürfnisse zu äußern, zu tun hat.

AUS UNSEREN NOTIZBLÄTTERN

Analyse der Textunterschiede

»Sie zogen durch Jericho«, statt *sie kamen nach Jericho:*
Habe ich das Gefühl, Jesus oder derjenige, von dem ich Hilfe erbitten kann, ist gewissermaßen nur auf der Durchreise, kommt nicht zu mir, sondern zieht höchstens an mir vorbei?

»Und als sie aus Jericho kamen«, statt *als er aus Jericho wegging, er und seine Jünger und eine große Menge:*
Der Text betont durch das zweimalige »er« die Leitungsfunktion Jesu. Da findet sich fast eine hierarchische Abstufung: er – seine Jünger – eine große Menge. Das »sie« in meinem Text ist unpersönlicher, diffuser. Von wem erwarte ich eigentlich Hilfe?

»saß ein blinder Bettler am Rand«, statt *am Weg:*
»Am Rand« kann auch im übertragenen Sinn verstanden werden: Menschen am Rande der Gesellschaft. Habe ich das Gefühl, ein Mensch am Rande zu sein, wenn ich auf Hilfe angewiesen bin, wenn ich meine eigenen Bedürfnisse äußere und jemanden um etwas bitte?

»Als der hörte, dass Jesus von Nazareth vorbeikam«, statt *dass es Jesus von Nazareth war:*
Die Veränderung passt zu der Beobachtung, die ich schon im ersten Satz gemacht habe: Es besteht ein großer Unterschied zwischen »Es ist der Retter« und »der Retter kommt vorbei«.

»rief er«, statt *fing er an zu schreien und zu sagen:*
»Schreien« ist heftiger als »rufen«. Zudem signalisiert *er fing an*, dass das erst der Beginn ist – es geht auf jeden Fall noch weiter. Die Worte *Jesus, du Sohn Davids, erbarme dich meiner* allerdings *sagt* Bartimäus. Das heißt, er gibt zwei ganz unterschiedliche Signale: das verzweifelte Schreien und die Worte des Gebetsrufs. Die von mir formulierte Äußerung wirkt dagegen eher schwach und farblos.

»Die Jünger aber wehrten ihm, denn er schrie Jesus nach«, statt *viele fuhren ihn an, er solle stillschweigen:*
Ich glaube zu wissen, wer mich zum Schweigen bringen will, ich kann meine Gegner benennen. *Viele* – das ist wesentlich ungenauer und unpersönlicher als »die Jünger«. *Viele* – diese Bedrohung ist weniger fassbar, aber auch weniger konkret. Auch »wehren« klingt aggressiver als *anfahren.* »Anfahren« bleibt auf Worte beschränkt, »wehren« kann auch ein körperlicher Angriff sein. Fürchte ich An- und Übergriffe, wenn ich eine Not äußere?

Er aber schrie noch viel mehr: Du Sohn Davids, erbarme dich meiner!
Den zweiten, noch wesentlich lauteren Schrei habe ich in meiner Fassung ganz weggelassen. Ich muss mich fragen, ob ich zu schnell aufgebe. Kaum gibt mir jemand zu verstehen, dass mein Hilferuf unangebracht ist, verstumme ich.

»Da sagten sie zu dem Blinden«, statt *sie riefen den Blinden und sprachen zu ihm:*
Die Hinwendung der Menschen zu dem Blinden auf das Wort Jesu hin ist im Bibeltext viel intensiver. Glaube ich nicht an so eine Veränderung in der Beziehung oder möchte ich sie nicht? Ist mir die Distanz lieber?

»Bartimäus warf seinen Mantel ab und kam zu Jesus«, statt *warf seinen Mantel von sich, sprang auf und kam zu Jesus:*
Die Bewegungen des Bartimäus im ursprünglichen Text sind wesentlich kraftvoller. Fast klingt es bei mir so, als müsste ich nicht nur von meiner Blindheit, sondern auch noch von meiner Lähmung geheilt werden! Kann ich nicht recht glauben, dass man mir helfen wird, oder habe ich Schwierigkeiten, meine Gefühle auch mit dem Körper auszudrücken?

»Jesus fragte ihn«, statt *Jesus antwortete und sprach zu ihm:*
Da der Blinde gar nichts gefragt hat, sondern Jesus ihn gleich etwas fragen wird, mutet die Formulierung *Jesus antwortete* in der Tat etwas merkwürdig an. Worauf antwortet Jesus? Jesus antwortet auf den Schrei, Jesus antwortet auf den Gebetsruf, Jesus antwortet auf die starken Gesten des Blinden. Er zeigt, dass er das alles gehört und gesehen hat und darauf reagiert. Fühle ich mich zu wenig gesehen, gehört?

»Was willst du?«, statt *Was willst du, dass ich für dich tun soll?*
Die Frage »Was willst du?« allein klingt sehr allgemein, hart, fast unfreundlich. Mit der Frage *Was willst du, dass ich für dich tun soll?* stellt Jesus nicht nur die Beziehung zwischen sich und dem Blinden her, sondern signalisiert auch: Du willst etwas von mir und glaubst daran, dass ich es dir geben kann. Fehlt es mir an diesem Glauben? Wage ich nicht zu sagen, dass jemand etwas »für mich« tun soll?

»Er antwortete«, statt *Der Blinde sprach zu ihm:*
»Er« statt *der Blinde:* Ich habe es in meinem Text vermieden, die Bedürftigkeit noch einmal zum Ausdruck zu bringen, eine Bedürftigkeit, die mich angewiesen sein lässt. Zusätzliche Distanz schaffe ich noch, indem ich die Worte *zu ihm* weglasse.

»Dass ich sehen kann, Herr«, statt *Rabbuni, dass ich sehend werde:*
Wieder zeigt sich ein Hang zur Distanz: »Herr« klingt deutlich distanzierter als *Rabbuni*. Größere Nähe drückt der Bibeltext auch dadurch aus, dass die Antwort des Bartimäus schon mit *Rabbuni* (»mein Meister«) beginnt – im Unterschied zu dem »Herr« in meiner Formulierung, das am Schluss der Bitte gleichsam angehängt wird.
»Dass ich sehen *kann*« klingt härter und fordernder als *dass ich sehend werde*. *Sehend werden* ist ein Prozess, ein Weg, auf den sich Bartimäus zusammen mit Jesus einlassen will.

»Da sprach Jesus«, statt *Jesus aber sprach zu ihm:*
Wie schon vorher fehlen die Worte *zu ihm*, die eine größere Nähe, eine Verbindung zwischen beiden, herstellen.

»Dein Glaube hat dir geholfen«, statt *Geh hin, dein Glaube hat dir geholfen.*
In den Worten *Geh hin* steckt ein Auftrag. Das ist kein Wegschicken, das ist eine Perspektive, die Aussicht auf einen ganz neuen Weg. Wenn diese Worte fehlen, bleibt es »nur« bei der Heilung.

»Und alsbald ward er sehend und folgte Jesus nach«, statt ... *folgte Jesus nach auf dem Wege.*
Folgerichtig zu dem fehlenden *Geh hin* fehlt nun auch der Zusatz *auf dem Wege*. Die Nachfolge bleibt dadurch unverbindlicher.

Wenn auch nicht alle Schlussfolgerungen genau zutreffen müssen, so lassen sich bei dem Textvergleich doch zwei grundsätzliche Tendenzen herauslesen: Einmal eine gewisse Scheu, Bedürftigkeit zu äußern und um Hilfe zu bitten, sich schwach und »blind« zu zeigen, und zum anderen ein deutlicher Trend zu Distanz, Angst vor zu großer Nähe.

Wer braucht was?

Als sie aber weiterzogen, kam er in ein Dorf. Da war eine Frau mit Namen Marta, die nahm ihn auf. Und sie hatte eine Schwester, die hieß Maria; die setzte sich dem Herrn zu Füßen und hörte seiner Rede zu. Marta aber machte sich viel zu schaffen, ihm zu dienen. Und sie trat hinzu und sprach: Herr, fragst du nicht danach, dass mich meine Schwester lässt allein dienen? Sage ihr doch, dass sie mir helfen soll! Der Herr aber antwortete und sprach zu ihr: Marta, Marta, du hast viel Sorge und Mühe. Eins aber ist not. Maria hat das gute Teil erwählt; das soll nicht von ihr genommen werden.
Lk 10,38–42 (Lutherübersetzung)

Eine häufige Ursache für Konflikte ist unsere Unfähigkeit, gut und angemessen mit unseren Bedürfnissen umzugehen. Entweder nehmen wir sie gar nicht wahr, weil wir das nicht lernen durften, weil wir es nicht gewöhnt sind, auf sie zu achten, nach ihnen zu fragen. Dann steigen sie nicht in unser Bewusstsein, sind aber doch da, verursachen ein unbestimmtes Gefühl der Unzufriedenheit, entladen sich schließlich in Aggressionen, die bei den anderen Erstaunen und Befremden hervorrufen. Oder wir nehmen sie wahr, wagen es aber nicht, sie angemessen zu befriedigen. Falsch verstandene christliche Demut und Bescheidenheit sind der Grund dafür, dass wir sie zurückstellen: Wahrscheinlich möchte ja jemand anderes dasselbe wie ich, selbstverständlich trete ich da zurück. Oder es geschieht das Gegenteil – und das ist zunehmend zu beobachten: Jemand setzt seine Bedürfnisse durch, ohne Rücksicht auf die anderen. »Selbstverwirklichung« nennt man das dann.

An der Geschichte von den beiden Schwestern Maria und Marta können wir unterschiedliche Verhaltensweisen studieren und uns fragen: Wie wäre es denn gut?

Geh langsam durch die Geschichte, **versetze dich in die einzelnen Personen** und lass dich fragen: Welche Bedürfnisse hast du und wie versuchst du diese befriedigen?

Als sie aber weiterzogen, kam er in ein Dorf. Da war eine Frau mit Namen Marta, die nahm ihn auf.

- Du bist Marta, die Eigentümerin eines Hauses, wohl auch der Hausvorstand, also eine geachtete, selbstständige Frau. Du hörst, dass Jesus durch euer Dorf zieht, und beschließt, ihn aufzunehmen. Was erwartest, erhoffst du dir davon?
- Du bist Jesus, der sich von Marta aufnehmen lässt. Was versprichst du dir von dem Besuch bei ihr?

Und sie hatte eine Schwester, die hieß Maria; die setzte sich dem Herrn zu Füßen und hörte seiner Rede zu.

Du bist Maria, die jüngere Schwester von Marta. Was bewegt dich dazu, einfach nur zu Füßen Jesu zu sitzen, und wie geht es dir dabei?

Marta aber machte sich viel zu schaffen, ihm zu dienen. Und sie trat hinzu und sprach: Herr, fragst du nicht danach, dass mich meine Schwester lässt allein dienen? Sage ihr doch, dass sie mir helfen soll!

Du bist Marta. Du wirkst ärgerlich und unzufrieden. Sprich über deinen Ärger und über den Grund deiner Unzufriedenheit! Wie versuchst du, deine unbefriedigende Situation zu ändern?

Der Herr aber antwortete und sprach zu ihr: Marta, Marta, du hast viel Sorge und Mühe. Eins aber ist not. Maria hat das gute Teil erwählt; das soll nicht von ihr genommen werden.

Du bist Jesus. Welche Bedürfnisse nimmst du bei den beiden Frauen wahr und wie versuchst du, ihre Sehnsucht zu stillen?

AUS UNSEREN NOTIZBLÄTTERN

Was ich, Marta, erwarte, erhoffe

Die Gelegenheit, Jesus näherzukommen, ihn ganz persönlich zu erleben, möchte ich nicht verpassen. Ich will ihn unbedingt bei mir zu Gast haben. Es ist mir gleichgültig, was die Leute sagen, denn natürlich »schickt« sich das nicht. Aber darum kümmere ich mich nicht. Ich werde eine wunderbare Gastgeberin sein und er wird ein wunderbarer Gast sein.

Was ich, Jesus, mir von dem Besuch verspreche

Ich bin auf meinen Wanderungen durch Galiläa und Judäa immer wieder auf Gastfreundschaft angewiesen. Gerne lasse ich mich einladen von Marta. Dass ich mich von einer Frau in deren Haus aufnehmen lasse, werden viele als anstößig empfinden. Aber ich habe mich noch nie um enge gesellschaftliche Normen gekümmert. Sie freut sich und es wird mir gut gehen bei ihr. Und sicher werde ich auch Gelegenheit haben zu guten Gesprächen.

Was mich, Maria, bewegt

Ich kann die Fragen nur schwer beantworten, das alles habe ich mir gar nicht überlegt. Ich habe nicht nach Gründen gefragt: Warum tue ich das? Ich habe es getan, ich konnte gar nicht anders. Ich frage nicht: Wie geht es mir? Ich bin einfach da, zu Füßen Jesu, selbstvergessen. Da ist kein Platz mehr für irgendwelche Gedanken, für ein Fragen nach Gefühlen. Ich bin ganz im Schauen auf ihn, im Horchen auf ihn.

Ich, Marta, mache meinem Ärger Luft

Ich bin so unendlich enttäuscht. Wie hatte ich mich gefreut auf Jesus, auf das Zusammensein mit ihm. Und jetzt stehe ich alleine in der Küche und arbeite, während Maria bei ihm ist, ihm zuhört. Ich würde auch lieber da drin bei ihm sitzen. Aber das geht doch nicht. Einer muss doch die Arbeit machen. Man muss schließlich gastfreundlich sein. Maria hat das schon immer gekonnt, von klein auf hat sie sich stets genommen, was sie wollte. Ich kann das einfach nicht. Und ich dachte ja auch zuerst, ich will ihm dienen, es macht mir Freude, ihn zu verwöhnen. Aber jetzt fühle ich mich nur zurückgesetzt und ausgenutzt. Und Jesus merkt es nicht einmal. Es kümmert ihn überhaupt nicht. Das halte ich so nicht mehr aus. Ich werde ihm das sagen!

Ich, Jesus, versuche beide Frauen in ihrer Sehnsucht wahrzunehmen
Bei Maria ist das ganz einfach. Sie hat ja selbst ein klares Gespür für das, was sie braucht, für das, wonach sie sich sehnt, und nimmt es sich ganz selbstverständlich. Glücklich, wer so in Kontakt ist mit sich, wer seine ureigenen Bedürfnisse so wahrnehmen kann.
Komplizierter ist es bei Marta. Sie hat mich aufgenommen bei sich, hat so einem echten Bedürfnis, das sie hatte, nachgegeben, ohne Rücksicht auf gesellschaftliche Normen, das war gut. Doch dann ist sie doch ein Opfer dieser Normen geworden: Man muss eine gute Gastgeberin sein. Man muss als Frau dienen. Man setzt sich nicht einfach am helllichten Tag hin und hört einem Rabbi zu ... Das, was eigentlich ihre tiefste Sehnsucht ist, wagt sie nicht zu leben. Und das Schlimme ist: Sie muss zusehen, wie ihre Schwester genau das tut. Wie gut, dass sie wenigstens den Schmerz, die Enttäuschung, die Wut spüren kann und zu mir kommt, um mir das zu sagen. Was sie braucht, ist aber nicht die Hilfe ihrer Schwester in der Küche. Was sie braucht, ist zuerst einmal, dass sie gesehen wird – sie als einmalige, wertvolle Person, deshalb nenne ich sie zweimal bei ihrem Namen. Und sie braucht es, dass ihre Mühe gesehen wird. Am meisten aber braucht sie die Zusage: Das, was Maria tut, ist in Ordnung, ist gut. Du darfst dir das auch wünschen, du darfst das auch leben.

Schüttle die Rollen ab und lies die Antworten, die du in der jeweiligen Rolle gegeben hast, noch einmal – ergänzend kannst du auch die Antworten aus unseren Notizblättern dazunehmen. Unterstreiche in zwei verschiedenen Farben das, was du selbst auch sagen könntest, was also deinem Wesen entspricht, und das, was du gerne so sagen würdest.

3
SCHULD: LUST AUF VERSÖHNUNG

1. Sich mit anderen versöhnen

Gemeinsam weitergehen

Jesus und Petrus hatten einen schweren Konflikt. Auf Jesu Leidensankündigung hin wollte Petrus ihm das Wort verbieten in der irrigen Annahme, er könnte damit auch das Geschehen verhindern. Das heißt, Petrus wollte bestimmen, welchen Weg Jesus zu gehen habe, und damit in die Berufung Jesu eingreifen. Jesus sieht in den Worten des Petrus die Versuchung des Satan und sagt: *»Weiche von mir, Satan!«* (siehe dazu S. 58). Der Evangelist erzählt im Anschluss:

> *Und nach sechs Tagen nahm Jesus mit sich Petrus und Jakobus und Johannes, dessen Bruder, und führte sie allein auf einen hohen Berg. Und er wurde verklärt vor ihnen, und sein Angesicht leuchtete wie die Sonne, und seine Kleider wurden weiß wie das Licht. Und siehe, da erschienen ihnen Mose und Elia; die redeten mit ihm.*
> *Petrus aber fing an und sprach zu Jesus: Herr, hier ist gut sein! Willst du, so will ich hier drei Hütten bauen, dir eine, Mose eine und Elia eine. Als er noch so redete, siehe, da überschattete sie eine lichte Wolke. Und siehe, eine Stimme aus der Wolke sprach: Dies ist mein lieber Sohn, an dem ich Wohlgefallen habe; den sollt ihr hören!*
> *Als das die Jünger hörten, fielen sie auf ihr Angesicht und erschraken sehr.*

Jesus aber trat zu ihnen, rührte sie an und sprach: Steht auf und fürchtet euch nicht! Als sie aber ihre Augen aufhoben, sahen sie niemand als Jesus allein. Und als sie vom Berge hinabgingen, gebot ihnen Jesus und sprach: Ihr sollt von dieser Erscheinung niemandem sagen, bis der Menschensohn von den Toten auferstanden ist.
Mt 17,1–9 (Lutherübersetzung)

Interviewe einzelne Personen dieser Geschichte. Es sind ganz unterschiedliche Antworten möglich. Bringe die verschiedenen Gedanken und Gefühle der Interviewten zum Ausdruck:

- Petrus, sechs Tage sind vergangen seit deinem Konflikt mit Jesus. Was ist in dieser Zeit in dir vorgegangen?
- Wie geht es dir jetzt, nachdem Jesus drei Jünger ausgesucht hat, ihn zu begleiten, und du bist einer von ihnen?
- Jakobus, du bist mit Jesus, Johannes und Petrus unterwegs auf einen hohen Berg. Sicher erinnerst du dich an den Streit zwischen Jesus und Petrus. Was hältst du davon, dass Jesus jetzt ausgerechnet Petrus mitnimmt auf den Berg?
- Jesus, du hast den Konflikt mit Petrus einfach stehen lassen – im wahrsten Sinn des Wortes. Was geht dir durch Herz und Kopf, während du mit Petrus den Berg hinaufgehst?

AUS UNSEREN NOTIZBLÄTTERN

Interview mit Petrus

Petrus, sechs Tage sind vergangen seit deinem Konflikt mit Jesus. Was ist in dieser Zeit in dir vorgegangen?

- Ich war am Boden zerstört, im tiefsten Inneren getroffen.
- Ich war traurig und wütend zugleich. Ich hatte es gut gemeint und werde Satan genannt!
- Ich hatte den dringenden Wunsch, mit Jesus ein klärendes Gespräch zu führen, um die Sache aus der Welt zu schaffen. Ich konnte die Spannung kaum ertragen. Es sollte wieder gut sein zwischen uns.
- Ich hatte das Gefühl, Jesus schneidet mich. Ich fühlte mich missverstanden, alleingelassen, ausgeschlossen aus unserer Gemeinschaft, von allen schief angesehen.
- Meine Gedanken und Gefühle kreisten nur noch um diesen Konflikt.

- Dadurch dass ich so auf mich geworfen war, wuchs allmählich in mir die Erkenntnis: So hätte ich mich nicht verhalten dürfen. Es kamen Selbstvorwürfe und Selbstzweifel.

Wie geht es dir jetzt, nachdem Jesus drei Jünger ausgesucht hat, ihn zu begleiten, und du bist einer von ihnen?
- Ich bin enttäuscht. Ich hätte mir gewünscht, mit Jesus allein unterwegs zu sein, mit ihm allein sprechen zu können.
- Ich bin froh, dass Jakobus und Johannes dabei sind. So bin ich Jesus nicht alleine ausgeliefert. Ich muss ständig an die Geschichte von der Opferung Isaaks denken – der wusste auch nicht, was da oben auf dem Berg mit ihm geschehen würde.
- Was hat Jesus vor? Ich fühle mich verunsichert.
- Es macht mich glücklich, einer der drei Jünger zu sein, die Jesus als Begleiter ausgewählt hat. Ich empfinde es als Auszeichnung. Also hat er mich doch nicht abgeschrieben.

Interview mit Jakobus

Jakobus, du steigst mit Jesus, Johannes und Petrus auf einen hohen Berg. Sicher erinnerst du dich an den Streit zwischen Jesus und Petrus. Was hältst du davon, dass Jesus jetzt ausgerechnet Petrus mitnimmt auf den Berg?
- Ich verstehe Jesus nicht. Ich an Jesu Stelle hätte diese Sache zuerst geklärt. Kann man über eine so schwerwiegende Auseinandersetzung einfach hinweggehen?
- Mit jedem Schritt habe ich das Gefühl, wir lassen die ungute Geschichte hinter uns, gewinnen Distanz, der Konflikt »altert«.
- Die gemeinsame körperliche Anstrengung schafft Nähe zwischen uns Jüngern und Jesus – für anderes ist jetzt gar kein Raum.

Interview mit Jesus

Jesus, du hast den Konflikt mit Petrus einfach stehen lassen – im wahrsten Sinn des Wortes. Was geht dir durch Herz und Kopf, während du mit Petrus den Berg hinaufgehst?
- Ich hoffe, Petrus hat etwas gelernt. Mir gefällt seine impulsive Art. Aber diesmal ist er über das Ziel hinausgeschossen. Das muss er einsehen.
- Auch mir hat die Zeit, in der wir auf Distanz waren, gutgetan. Ich kann jetzt seine gute Absicht erkennen und ich fühle keinen Zorn mehr.
- Ich habe Petrus ausgewählt, weil ich ihm zeigen will, wie viel er mir bedeutet. Daran wird sich nie etwas ändern.

Welche Tipps gibt uns Jesus in dieser Geschichte für unser eigenes Konfliktverhalten?
1. Lasst einander Zeit. Gewinnt zeitlichen Abstand, lasst gewissermaßen Luft in den Konflikt. Meist brauchen beide Konfliktpartner diese Zeit – der eine, um sich klar zu werden, was er angerichtet hat, der andere, um wieder die gesamte Beziehung in den Blick zu bekommen, nicht nur diese eine schlimme Erfahrung.
2. Gebt einander Raum. Lasst den Konflikt hinter euch, lasst ihn sozusagen »im Tal« und macht euch gemeinsam auf einen neuen Weg.
3. Oft ist Tun besser als Reden. Sucht nach Versöhnungszeichen jenseits aller Worte – es muss nicht immer eine Bergwanderung sein. Nicht jeder Konflikt muss bis ins Letzte ausdiskutiert werden. Das ist allerdings nur möglich, wenn die Konfliktpartner eine gemeinsame Basis haben, etwas Verbindendes, das wichtiger ist als jeder Konflikt. Bei Petrus und Jesus ist das der Glaube an das Reich Gottes.
4. Wenn du derjenige bist, der Unrecht erlitten hat, mach den ersten Schritt zur Versöhnung, vorausgesetzt du spürst beim anderen die Sehnsucht nach Versöhnung. Hüte dich also vor kleinlichem Beleidigtsein nach dem Motto: »Der hat angefangen, nun soll er auch als Erster auf mich zukommen. Ich mache nicht den ersten Schritt.«

Wie du mir, so ich dir

Da trat Petrus zu ihm und fragte: Herr, wie oft muss ich meinem Bruder vergeben, wenn er sich gegen mich versündigt? Siebenmal? Jesus sagte zu ihm: Nicht siebenmal, sondern siebenundsiebzigmal.
Mit dem Himmelreich ist es deshalb wie mit einem König, der beschloss, von seinen Dienern Rechenschaft zu verlangen. Als er nun mit der Abrechnung begann, brachte man einen zu ihm, der ihm zehntausend Talente schuldig war. Weil er aber das Geld nicht zurückzahlen konnte, befahl der Herr, ihn mit Frau und Kindern und allem, was er besaß, zu verkaufen und so die Schuld zu begleichen. Da fiel der Diener vor ihm auf die Knie und bat: Hab Geduld mit mir! Ich werde dir alles zurückzahlen. Der Herr hatte Mitleid mit dem Diener, ließ ihn gehen und schenkte ihm die Schuld. Als nun der Diener hinausging, traf er einen anderen Diener seines Herrn, der ihm hundert Denare schuldig war. Er packte ihn, würgte ihn und rief: Bezahl, was du

mir schuldig bist! Da fiel der andere vor ihm nieder und flehte: Hab Geduld mit mir! Ich werde es dir zurückzahlen. Er aber wollte nicht, ging weg und ließ ihn ins Gefängnis werfen, bis er die Schuld bezahlt habe. Als die übrigen Diener das sahen, waren sie sehr betrübt. Sie gingen zu ihrem Herrn und berichteten ihm alles, was geschehen war. Da ließ ihn sein Herr rufen und sagte zu ihm: Du elender Diener! Deine ganze Schuld habe ich dir erlassen, weil du mich so angefleht hast. Hättest nicht auch du mit jenem, der gemeinsam mit dir in meinem Dienst steht, Erbarmen haben müssen, so wie ich mit dir Erbarmen hatte? Und in seinem Zorn übergab ihn der Herr den Folterknechten, bis er die ganze Schuld bezahlt habe.
Mt 18,21–34 (Einheitsübersetzung)

In der Geschichte, die Jesus erzählt, geht der Gläubiger sehr drastisch gegen den Mitknecht vor, der sein Schuldner ist: Er packt und würgt ihn. Üblicherweise verhält sich in unserer Gesellschaft niemand so handgreiflich, wenn eine Schuld nicht oder zumindest nicht pünktlich beglichen wird. Man delegiert den Konflikt eher an eine Justizbehörde. Dennoch ist die Antwort oft dieselbe, nämlich Ablehnung des Ansinnens, vor allem dann, wenn vorher schon mehrmals Zugeständnisse gemacht worden sind.

Sammle zunächst **Redensarten**, die signalisieren, dass du nicht mehr bereit bist, jemandem noch einmal großzügig entgegenzukommen, noch einmal nachzugeben.

AUS UNSEREN NOTIZBLÄTTERN

- Wo kämen wir da hin?
- Ich lass nicht alles mit mir machen.
- Ich lass mich nicht für dumm verkaufen.
- Ich lass mich nicht über den Tisch ziehen.
- Was zu viel ist, ist zu viel.
- Das Maß ist voll.
- Es reicht!
- Ich lass mich nicht ausnützen.
- Meine Geduld ist am Ende.
- Da habe ich meinen Stolz.
- Ich bin doch nicht verrückt.

Jetzt lies die gesammelten Redensarten und stell dir vor, Gott würde auf deine Bitte »Vergib uns unsere Schuld« mit diesen Sätzen reagieren. Gott würde also sagen: »Mir reicht es, meine Geduld mit dir ist am Ende, das Maß ist voll.« Oder: »Was zu viel ist, ist zu viel, ich bin doch nicht verrückt, ich habe auch meinen Stolz, ich lass mich von dir nicht ausnützen.«

Aber so spricht Gott nicht. Er sagt genau das Gegenteil. Formuliere einige deiner Sätze in seine um!

AUS UNSEREN NOTIZBLÄTTERN

- Ich lass mich für dumm verkaufen.
- Ich lass mich über den Tisch ziehen.
- Ich sage nie, dass es mir zu viel ist.
- Mein Maß ist nie voll.
- Ich lass mich ausnützen.
- Meine Geduld ist endlos.
- Ich habe keinen Stolz.
- Ich lasse alles mit mir machen, lasse mich sogar kreuzigen.
- Ich bin verrückt.

Wer den Anspruch Jesu, siebenundsiebzigmal zu vergeben, ernst nimmt, sollte sprechen wie Gott. Aber wer will, wer kann das schon? Dennoch gibt es Schritte, sich diesem Ziel anzunähern in einer **Lichtmeditation**.

- Sprich langsam, am besten laut und mehrmals hintereinander die Bitte aus dem Vaterunser: »Vergib mir meine Schuld.« Nimm dabei eine Gebetshaltung ein, in der du deine Hände entweder nach vorne oder zum Himmel erhoben öffnest. Du kannst das Gebet im Sitzen, Stehen oder auch im Gehen sprechen.
- Nun stell dir vor, dass die Vergebung, die Gott dir schenkt, wie warmes Licht in deine Hände fällt. Verweile im Anschauen dieses Lichts, spür die Wärme, lass Dankbarkeit sich in dir ausbreiten. Nimm dir genügend Zeit zum Auskosten dieser Erfahrung.
- Vergegenwärtige dir nun die Menschen, denen du eigentlich vergeben solltest. Wende ihnen deinen inneren Blick zu. Lass in Gedanken einen »Schuldner« nach dem anderen vor dich treten. Sprich nun den zweiten

Teil der Vaterunser-Bitte: »wie ich vergebe meinen Schuldigern«, und lege dabei allen der Reihe nach segnend die Hände auf. Gib so das Licht der Vergebung, das du empfangen hast, an sie weiter.

Das Sprichwort »Wie du mir, so ich dir« erfährt hier eine Erweiterung. Es geht nicht mehr nur um eine Zweierbeziehung, nicht mehr nur um ein duales System, sondern es wird zum »Dreiecksverhältnis«: So wie du, Gott, mir vergeben hast, so will ich auch dir, meinem Mitmenschen, vergeben. Der Jesuit Franz Jalics schreibt in seinem Buch »Kontemplative Exerzitien« über diesen Zusammenhang von Ich – Gott – Du, »dass alles, was wir im menschlichen Umgang erleben, sich zur gleichen Zeit mit Gott ereignet ... Jeder geht so mit Gott um wie mit seinen Mitmenschen ... Solange ich einen einzigen Menschen geringschätze, verachte ich auch Gott ... Solange ich auf einen einzigen Menschen wütend bin, wüte ich auch gegen Gott. Solange ich einen einzigen Menschen ignoriere oder beneide, ignoriere oder beneide ich auch Gott. Solange ich vor einem einzigen Menschen Angst habe, ängstige ich mich vor Gott.« (Würzburg 1999, S. 61f.) Solange ich also mit einem einzigen Menschen in Unfrieden lebe, lebe ich mit Gott in Unfrieden. Jesus will es uns mit seiner Empfehlung, nicht siebenmal, sondern siebenundsiebzigmal zu vergeben, ja nicht schwerer machen, sondern leichter. Er weiß, dass es für unsere Gottesbeziehung wichtig ist, nicht nur Vergebung zu erhalten, sondern sie auch zu schenken. Er weiß, dass wir besser, ruhiger, glücklicher leben, wenn wir lernen zu vergeben. Vor allem leben wir dann in Frieden mit uns selbst und lassen Zorn verrauchen und lassen Verhärtetes weich werden.

Bleib bei dieser Lichtmeditation trotzdem ehrlich. Wenn du das Gefühl hast, einem Menschen nicht oder noch nicht vergeben zu können, setz dich nicht unter Druck. Gib es an den Gekreuzigten ab. Er hat auch nicht zu seinen Schuldigern gesagt: »Ich vergebe euch eure Schuld.« Er hat die Vergebung Gott überlassen: »Vater, vergib ihnen.« Versuch, ihm nachzusprechen: Vater, vergib ihnen. Ich kann das jetzt nicht.

Es gibt kein Zuspät

Als sie gegessen hatten, sagte Jesus zu Simon Petrus: Simon, Sohn des Johannes, liebst du mich mehr als diese? Er antwortete: Ja, Herr, du weißt, dass ich dich liebe. Jesus sagte zu ihm: Weide meine Lämmer. Zum zweiten Mal fragte er ihn: Simon, Sohn des Johannes, liebst du mich? Er antwortete: Ja, Herr, du weißt, dass ich dich liebe. Jesus sagte zu ihm: Weide meine Schafe! Zum dritten Mal fragte er ihn: Simon, Sohn des Johannes, liebst du mich? Da wurde Petrus traurig, weil Jesus ihn zum dritten Mal gefragt hatte: Hast du mich lieb? Er gab ihm zur Antwort: Herr, du weißt alles; du weißt, dass ich dich lieb habe. Jesus sagte zu ihm: Weide meine Schafe.

Joh 21,15–17 (Einheitsübersetzung)

Diese Szene spielt sich ab nach der Auferstehung Jesu. Es ist eine Begegnung zwischen Petrus, der nach dem Tode Jesu zunächst wieder in seinen alten Beruf als Fischer zurückgekehrt ist, und dem Auferstandenen. Zwischen dem Jünger und dem Meister steht immer noch unbereinigt die schlimme Geschichte von der dreimaligen Verleugnung durch Petrus. Damals, als Jesus von Pilatus verhört wurde, war Petrus ihm zwar als einziger Jünger bis in den Hof des Pilatus gefolgt, behauptet dort aber dreimal: »Ich kenne diesen Menschen nicht.«

Am See Tiberias begegnet er nun dem Auferstandenen. Dreimal fragt dieser ihn: *Liebst du mich?* Mit jedem Bekenntnis *Ja, Herr, du weißt, dass ich dich liebe* – wörtlich »dass ich dein *Freund* bin« – wird eine Verleugnung aufgearbeitet, gutgemacht, geheilt. Und es bleibt nicht beim großmütigen Verzeihen. Mit dem Auftrag *Weide meine Schafe* schenkt Jesus dem Freund auch wieder sein ganzes Vertrauen. Petrus muss sich nach diesem Versöhnungsgespräch nicht klein fühlen. Jesus zeigt ihm seinen Wert.

Wie ist Versöhnung mit jemandem, der bereits verstorben ist, möglich? Eine **Imaginationsübung** mithilfe dieser biblischen Geschichte kann weiterbringen.

Setz dich aufrecht und entspannt hin, schließe die Augen.

Stell dir vor, du bist mitten in deinem Alltag – für Petrus hieß das damals: im Boot sitzen und fischen. Plötzlich siehst du Jesus »am Ufer stehen«. Deine unerledigte Geschichte taucht neben ihm auf in Gestalt des Verstorbenen, mit dem du dich zu dessen Lebzeiten nicht mehr aussöhnen konntest. Du nimmst ihn wahr, schaust ihn an, eine ganze Zeit lang. Wie ist sein Gesichtsausdruck, seine Körperhaltung? Welche Botschaft geht von ihm aus? Du lässt alle Gefühle aufsteigen – Wut, Scham, Trauer, Ohnmacht, Trostlosigkeit – und alle Erinnerungen, die damit verbunden sind.

Nun kommt es zu der entscheidenden und schließlich heilenden Begegnung. Du bittest Jesus, jetzt mit dir zusammen auf die Kränkungen, Verletzungen, »Leugnungen«, den Verrat an der Liebe zu schauen. Auch dabei lässt du dir viel Zeit. Du schaust die Geschichte, um die es geht, an und versuchst, sie mit den Augen Jesu zu sehen, klar, aber barmherzig, nichts beschönigend, aber im Geist der Versöhnung. Dann schaust du auch dich und den Verstorbenen mit den Augen Jesu an. In seinem Blick liegt Liebe zu euch beiden, sein Gesichtsausdruck ist gütig und voller Verständnis. Du lässt dich von Jesus fragen: Kannst du das Vergangene jetzt versöhnt ablegen, hinter dir lassen? Du hörst, wie Jesus auch den Verstorbenen fragt: Darf diese Wunde jetzt heilen? Steht jetzt nichts mehr zwischen euch?

Willst du dem Verstorbenen noch etwas sagen? Willst du von ihm noch etwas hören? Was sagst du? Was hörst du? Lass dir Zeit.

Dann verabschiede dich von dem Verstorbenen mit einem Blick, einer Geste, einer Verneigung, bedanke dich bei Jesus und kehre langsam ins Hier und Jetzt zurück.

Wenn die Versöhnung nicht, noch nicht gelingt, erzwinge sie nicht. Du kannst die Übung später wiederholen. Vielleicht genügt zunächst deine Absicht, vergeben zu *wollen*, auch wenn du es noch nicht *kannst*.

Es lohnt sich, das, was du bei dieser Begegnung erlebt hast, schriftlich festzuhalten – als **Tagebuchaufzeichnung** oder als Brief an den Verstorbenen.

2. Sich mit sich selbst versöhnen

Wiedergefundene Würde

Am frühen Morgen begab er sich wieder in den Tempel. Alles Volk kam zu ihm. Er setzte sich und lehrte es. Da brachten die Schriftgelehrten und Pharisäer eine Frau, die beim Ehebruch ertappt worden war. Sie stellten sie in die Mitte und sagten zu ihm: Meister, diese Frau wurde beim Ehebruch auf frischer Tat ertappt. Mose hat uns im Gesetz vorgeschrieben, solche Frauen zu steinigen. Nun, was sagst du? Mit dieser Frage wollten sie ihn auf die Probe stellen, um einen Grund zu haben, ihn zu verklagen. Jesus aber bückte sich und schrieb mit dem Finger auf die Erde. Als sie hartnäckig weiterfragten, richtete er sich auf und sagte zu ihnen: Wer von euch ohne Sünde ist, der werfe als Erster einen Stein auf sie. Und er bückte sich wieder und schrieb auf die Erde. Als sie seine Antwort gehört hatten, ging einer nach dem anderen fort, zuerst die Ältesten. Jesus blieb allein zurück mit der Frau, die noch in der Mitte stand. Er richtete sich auf und sagte zu ihr: Frau, wo sind sie geblieben? Hat dich keiner verurteilt? Sie antwortete: Keiner, Herr. Da sagte Jesus zu ihr: Auch ich verurteile dich nicht. Geh und sündige von jetzt an nicht mehr.

Joh 8,2–11 (Einheitsübersetzung)

Diese Geschichte, aus verschiedenen Perspektiven erlebt, spricht unterschiedliche Themen an:

- *Mobbing:* Jesus lehrt, wie man mit Mobbing umgeht (siehe Kapitel 1).
- *Neugier auf Gott:* Das Volk kommt zu Jesus in den Tempel, die Menschen sind neugierig, fühlen sich hingezogen zu ihm. Dennoch bleiben sie in der Rolle der unbeteiligten und unverbindlichen Beobachter.
- *Scham:* Die Pharisäer und Schriftgelehrten lernen sich zu schämen. Ob sich auch Reue einstellt, wissen wir nicht. Sie schleichen sich davon.
- *Versöhnung:* Die Ehebrecherin erlebt Versöhnung durch Gott mit sich selbst. Sie, die zu keiner eigenen Bewegung mehr fähig war, darf wieder gehen.

Liste die Akteure in dieser Geschichte auf und ordne ihnen jeweils die **Verben** zu, die ihre Aktivität zum Ausdruck bringen. Was fällt auf in Bezug auf Aktivität und Passivität?

Jesus	Volk	Pharisäer	Ehebrecherin
sich begeben	kommen	bringen	
setzen		stellen	
lehren		sagen	
sich bücken		auf die Probe stellen	
schreiben		verklagen	
sich aufrichten		hartnäckig weiterfragen	
sagen		hören	
sich bücken		fortgehen	
schreiben			
zurückbleiben			
sich aufrichten			
sagen			antworten
sagen			
nicht verurteilen			

Die Übersicht zeigt, dass sich die Geschichte zwischen Jesus und den Pharisäern abspielt, sie sind die eigentlichen Akteure. Jesus ist mit Abstand der Aktivste, er hat deutlich die Fäden in der Hand. Die Frau bleibt passiv: Sie *wurde* ertappt, *wird* gebracht, *wird* hingestellt. Sie agiert überhaupt nicht, hat keinerlei Eigenbewegung, lässt geschehen. Lediglich als Jesus sie direkt fragt, reagiert sie mit einer Antwort, die knapper nicht sein könnte: »Keiner, Herr.«

Im Grunde beginnt für die Frau die Geschichte erst, als sie aufhört. Denn jetzt hat sie die Möglichkeit, aktiv zu werden und ihr Leben, ihr weiteres Schicksal in die Hand zu nehmen und zu gestalten. Jetzt kann sie, mit ihrer Vergangenheit versöhnt, weitergehen. Jesus hat sie vor Strafe bewahrt, hat ihr ihre Würde wiedergegeben und ihr ein Lebensmotto zugesprochen: *Sündige von jetzt an nicht mehr.*

»Sündige nicht mehr« – das hat nichts mit Moral zu tun, nach dem Motto: Mach es aber jetzt nicht wieder, gesprochen mit erhobenem Zeigefinger. Sündigen, das ist viel mehr als gegen ein moralisches Gebot verstoßen. Sündigen heißt: sich ab-sondern, sich trennen von Gott, die Beziehung zu ihm abbrechen. Adam und Eva haben nicht »gesündigt«, als sie die verbotene Frucht aßen, da waren sie lediglich ungehorsam. Gesündigt haben sie, als sie sich vor Gott versteckten. Wenn Jesus sagt »Sündige nicht mehr«, heißt das nicht: Du darfst nun aber nichts Verbotenes mehr tun! Es heißt: Du musst nicht mehr herausfallen aus deiner Verbindung mit Gott. Du musst dich nicht mehr vor Gott verstecken. Du bist trotz allem Ungehorsam ein ganzer, Gott wohlgefälliger Mensch.

Den Satz »Du darfst nicht sündigen« kann man unterschiedlich verstehen, je nachdem, worauf man das Wörtchen »nicht« bezieht:

1. Du darfst nicht sündigen.
2. Du darfst nicht sündigen.

Variante eins ist ein Anspruch auf Gehorsam, ein Befehl, eine Aufforderung. Es heißt: Ich verbiete dir, etwas Sündiges, Verbotenes zu tun, dich dem Willen Gottes zu widersetzen. Dieser Satz setzt unter Druck.

Variante zwei ist ein Zuspruch, eine Zusage, das Angebot einer Chance. Es heißt: Ich eröffne dir ein Leben in Freiheit. Du darfst alles lassen, was dich von Gott trennt. Dieser Satz befreit.

Versuche, für jede der beiden Varianten eine **Fortsetzung der Geschichte** von der Ehebrecherin zu schreiben!

AUS UNSEREN NOTIZBLÄTTERN

Variante eins

Die Frau ging nach Hause und nahm sich fest vor, immer nach dem Willen Gottes zu leben. Doch überall lauerten Versuchungen. Ihr Liebhaber kam, suchte Trost bei ihr, weil es daheim Ärger gegeben hatte. Das Geld, das ihr Männer zuweilen zugesteckt hatten, verlockte sie, Dinge zu kaufen, die ihre Eitelkeit befriedigten. Lügen halfen ihr, ihren Lebensstil vor anderen zu verbergen. Ohne es zu wollen, verfiel sie wieder in die gewohnten Verhaltensweisen. Wenn es ihr bewusst wurde, war sie unglücklich, bereute alles bitter, beschloss wiederum, sich zu ändern. Und dann begann alles von vorne. Irgendwann resignierte sie, sagte sich: Es hat keinen Zweck, ich schaffe es nicht, sosehr ich mich auch anstrenge. Allmählich vergaß sie, was sie mit Jesus erlebt hatte, vergaß Gott, führte ein erbärmliches Leben in Abhängigkeit und endete als alte verbitterte Frau, krank an Leib und Seele.

Variante zwei

Die Frau ging nach Hause. »Ich darf, ich darf, ich darf ...«, klang es in ihr nach. Am Abend setzte sie sich hin und fragte sich: »Was darf ich eigentlich?«

Viele Antworten kamen ihr in den Sinn: Ich darf Nein sagen, wenn man mich ausnützen, ausbeuten und missbrauchen will. Ich darf Altes, vergangene Schuld, unheilvolle Verstrickungen hinter mir lassen und neu anfangen. Ich darf mich freuen am Leben, an mir, an der Schöpfung. Ich darf Gott danken dafür, dass er mich liebt. Ich darf gehen – meinen eigenen Weg, auf dem ich mich begleitet weiß. Ich darf ich selber sein.

Es war keineswegs so, dass die Frau nun durchs Leben ging, ohne je schuldig zu werden. Sie verstieß sehr wohl gegen Gottes Gebote, missbrauchte seinen Namen, heiligte den Sabbat nicht, beging sogar Ehebruch. Aber immer wieder begab sie sich in die Gegenwart Gottes. Immer wieder holte sie sich jene Szene im Tempel ins Gedächtnis zurück, den Blick Jesu, in dem sie die Botschaft las: Du bist »in meinen Augen so wert geachtet und auch herrlich« (Jes 43,4), Gott hat dir Würde gegeben und An-sehen. Und sie hörte wieder seine Worte: »Ich verurteile dich nicht.«

Sie starb versöhnt mit Gott, mit dem Leben und mit sich selbst.

Ein ganzer Mensch werden

Der Menschensohn ist gekommen, zu suchen und selig zu machen, was verloren ist.

Lk 19,10 (Lutherübersetzung)

Vergegenwärtige dir einzelne Charaktere aus den Evangelien:

- Der Zöllner Zachäus, der nach der Begegnung mit Jesus alte *Schuld* begleicht (Lk 19,1–10).
- Petrus, der Jesus verleugnet und damit seine *Werte verrät* (Lk 22,54–62).
- Martha aus Bethanien, die erfüllt ist von *Neid und Eifersucht* auf ihre Schwester (Lk 10,38–42).
- Der Bruder des »verlorenen Sohns«, der wahrscheinlich *verpassten Chancen* nachtrauert, Chancen, die sein jüngerer Bruder wahrgenommen hat (Lk 15,11–32).
- Der Mann mit dem einen anvertrauten Zentner (Talent), der *Angst* hat, *nicht zu genügen* (Mt 25,24–30).

Versammle diese Gestalten innerlich um dich und stell dir vor, dass sie deine Schattenseiten verkörpern, die dich an einer Versöhnung mit dir selbst hindern. Sprich jedem von ihnen einen **Erlösungssatz** zu.

AUS UNSEREN NOTIZBLÄTTERN

Du, meine *Schuld,* ich sehe dich, du gehörst zu mir, aber ich bin mehr als du, und ich kann mich verändern, wenn ich Jesus in mein Haus einlasse.

Du, mein *Verrat* an meinen *Werten,* ich mag dich nicht, ich schäme mich deiner, doch ich schäme mich meiner Scham nicht. Aber du darfst dich auflösen in den Tränen meiner Reue und vor allem in einer neuen Begegnung mit Gott.

Du, mein *Neid,* du, meine *Eifersucht,* du zeigst mir, was mir fehlt, wonach ich mich sehne, aber du vergiftest mich auch. Du brauchst dich nicht auszubreiten, wenn ich spüre, dass ich angesehen bin.

Ihr, meine *verpassten Chancen* im Leben, für manche von euch ist es jetzt endgültig zu spät. Mein Schmerz und meine Trauer über euch sollen nicht umschlagen in Aggression gegen andere. Sie heilen, wenn ich im Jetzt lebe und das Fest genieße.

Du, meine *Angst, nicht zu genügen.* Du hältst mir die Realität vor Augen. Ich habe weniger Gaben bekommen als manch andere. Aber ich habe nicht nichts bekommen. Ich wende meinen Blick von dir ab und wende ihn dem zu, was ich habe, um etwas daraus zu machen.

4
ABSCHIED UND AUFBRUCH: LUST AUF NEUES

1. Berufen sein

Aufstehen

Als nun Jesus am Galiläischen Meer entlangging, sah er zwei Brüder, Simon, der Petrus genannt wird, und Andreas, seinen Bruder; die warfen ihre Netze ins Meer; denn sie waren Fischer. Und er sprach zu ihnen: Folgt mir nach; ich will euch zu Menschenfischern machen! Sogleich verließen sie ihre Netze und folgten ihm nach.
Als er von dort weiterging, sah er zwei andere Brüder, Jakobus, den Sohn des Zebedäus, und Johannes, seinen Bruder, im Boot mit ihrem Vater Zebedäus, wie sie ihre Netze flickten. Und er rief sie. Sogleich verließen sie das Boot und ihren Vater und folgten ihm nach.
Mt 4,18–22 (Lutherübersetzung)

Es begab sich aber, als sich die Menge zu ihm drängte, um das Wort Gottes zu hören, da stand er am See Genezareth und sah zwei Boote am Ufer liegen; die Fischer aber waren ausgestiegen und wuschen ihre Netze. Da stieg er in eins der Boote, das Simon gehörte, und bat ihn, ein wenig vom Land wegzufahren. Und er setzte sich und lehrte die Menge vom Boote aus.
Und als er aufgehört hatte zu reden, sprach er zu Simon: Fahre hinaus, wo es tief ist, und werft eure Netze zum Fang aus. Und Simon antwortete und sprach: Meister, wir haben die ganze Nacht gearbeitet und nichts gefangen;

aber auf dein Wort will ich die Netze auswerfen. Und als sie das taten, fingen sie eine große Menge Fische, und ihre Netze begannen zu reißen. Und sie winkten ihren Gefährten, die im andern Boot waren, sie sollten kommen und mit ihnen ziehen. Und sie kamen und füllten beide Boote voll, sodass sie fast sanken. Als das Simon Petrus sah, fiel er Jesus zu Füßen und sprach: Herr, geh weg von mir! Ich bin ein sündiger Mensch. Denn ein Schrecken hatte ihn erfasst und alle, die bei ihm waren, über diesen Fang, den sie miteinander getan hatten, ebenso auch Jakobus und Johannes, die Söhne des Zebedäus, Simons Gefährten. Und Jesus sprach zu Simon: Fürchte dich nicht! Von nun an wirst du Menschen fangen. Und sie brachten die Boote an Land und verließen alles und folgten ihm nach.
Lk 5,1–11 (Lutherübersetzung)

Und er ging wieder hinaus an den See; und alles Volk kam zu ihm, und er lehrte sie. Und als er vorüberging, sah er Levi, den Sohn des Alphäus, am Zoll sitzen und sprach zu ihm: Folge mir nach! Und er stand auf und folgte ihm nach.
Mk 2,13–14 (Lutherübersetzung)

Am nächsten Tag stand Johannes abermals da und zwei seiner Jünger; und als er Jesus vorübergehen sah, sprach er: Siehe, das ist Gottes Lamm! Und die zwei Jünger hörten ihn reden und folgten Jesus nach. Jesus aber wandte sich um und sah sie nachfolgen, und sprach zu ihnen: Was sucht ihr? Sie aber sprachen zu ihm: Rabbi – das heißt übersetzt: Meister –, wo ist deine Herberge? Er sprach zu ihnen: Kommt und seht! Sie kamen und sahen's und blieben diesen Tag bei ihm. Es war aber um die zehnte Stunde.
Einer von den zweien, die Johannes gehört hatten und Jesus nachgefolgt waren, war Andreas, der Bruder des Simon Petrus. Der findet zuerst seinen Bruder Simon und spricht zu ihm: Wir haben den Messias gefunden, das heißt übersetzt: der Gesalbte. Und er führte ihn zu Jesus. Als Jesus ihn sah, sprach er: Du bist Simon, der Sohn des Johannes; du sollst Kephas heißen, das heißt übersetzt: Fels.
Joh 1,35–42 (Lutherübersetzung)

Es ist eine alte Weisheit, dass menschliches Leben aus Abschied und Aufbruch besteht. Die Berufungsgeschichten des Neuen Testaments beschreiben kompromisslose Abschieds- und Aufbruchsszenen. Die Menschen, die hier angesprochen werden, stellen keine Fragen, bringen keine Einwände, überlegen nicht lange, stehen einfach auf und gehen, pilgern mit dem Wanderprediger Jesus von Nazareth durchs Land. Auch wenn unsere Aufbrüche in der Regel weniger spektakulär sind, so sind wir doch auf Pilgerschaft.

Ein Jakobspilger erzählt, er habe vor Jahren auf einem kleinen Zettel ein Pilger-Kraftwort geschenkt bekommen. Seitdem trage er es stets bei sich. Es lautet »Befreiung vom Ich«. Wenn man die Berufungsgeschichten liest, entdeckt man darin viele Pilgerworte.

Lies die oben stehenden Geschichten und unterstreiche alle Worte, Ausdrücke, (Halb-)Sätze, die als **Pilgerwort** dienen könnten. Manche Textstellen kannst du wörtlich übernehmen. Formuliere die übrigen in eine Aufforderung oder ein prägnantes Stichwort um.

- Notiere dir zu den einzelnen Worten deine Gedanken und Assoziationen.
- Schreibe die Pilger-Kraftworte auf kleine Pappkärtchen.
- Wähle das aus, das dich im Augenblick am meisten anspricht.
- Vielleicht magst du das eine oder andere Pilgerkärtchen jemandem schenken.

AUS UNSEREN NOTIZBLÄTTERN

Gedanken zu meinen Pilgerworten

Folge mir nach
Für deine Pilgerschaft brauchst du eine Leitfigur, ein Vorbild, ein Leitmotiv, etwas oder jemanden, nach dem du dich richten kannst.

Ich will euch zu Menschenfischern machen
Du brauchst eine Vision, ein Ziel, einen Auftrag, der deinem Leben Sinn gibt.

Sogleich
Tu's gleich! Zögere nicht, wenn du etwas für dich als richtig und gut erkannt hast.

Sie verließen ihre Netze
Abschiedlich leben! Es gibt keinen Neuanfang ohne den Abschied von Altem.

Das Schiff und den Vater verlassen
Loslassen! Alte Sicherheiten aufgeben und alte Verpflichtungen loslassen.

Es kann sein, dass du sogar einmal den Mut haben musst, existenzielle Sicherheit aufzugeben und ohne schlechtes Gewissen Pflichterfüllung sein zu lassen.

Da stieg er in eines der Boote
Du hast Gott mit im Boot. Du musst nicht unbedingt aus deinem Leben aussteigen, um Gott zu finden. Du kannst ihn auch in dein bestehendes Leben hineinlassen.

ein wenig vom Land wegfahren
Wag dich hinaus, aber nicht zu weit. Schätze deine Möglichkeiten und Grenzen richtig ein.

Fahr hinaus, wo es tief ist
Geh ein Risiko ein. Bleib nicht an der Oberfläche. Es lohnt sich.

Werft eure Netze aus
Tu, was jetzt dran ist. Frag nicht nach Erfolg.

auf dein Wort
Vertraue wider alle Vernunft.

Fürchte dich nicht!
Ein Wort, mit dem es sich gut gehen lässt.

Sie verließen alles
Lass jetzt alles hinter dir! Es kann Lebensphasen geben, in denen du alles, was zu dir gehört, hinter dir lässt, und sei es nur für zehntägige Exerzitien.

Als er vorüberging
Werde vorübergehend! »Vorübergehend« zu sein ist die innere und äußere Haltung des Pilgers. Es bedeutet, von einem »Sitzenden« zu einem »Vorübergehenden«, also zu einem »Sich-Wandelnden« zu werden. Vorübergehende halten nichts fest, keine Dinge, keine Menschen, keine Meinungen. Sie verabschieden sich immer wieder und gehen weiter.

er sah Levi
Lass dich ansehen! Fühl dich wahrgenommen, geachtet, gewürdigt.

er stand auf und folgte ihm nach
Erhebe dich! Wer aufsteht, braucht Orientierung.

Was suchst du?
Alles beginnt mit der Sehnsucht. Bleib ihr auf der Spur, bleib ein Suchender!

Wo ist deine Herberge?
Wo finde ich Zuflucht? Auch als Pilger darf ich den Wunsch nach Geborgenheit spüren, muss mich jedoch damit abfinden, dass er möglicherweise nicht erfüllt wird.

Kommt und seht!
Sei neugierig auf das, was kommt, und überzeuge dich mit eigenen Augen, dass du bis zum nächsten Aufbruch eine Bleibe hast.

Wir haben den Messias gefunden
Jede Pilgerreise führt zu einem Ziel, wo sie zu Ende ist: Du bist angekommen.

Du bist Simon und du sollst Kephas heißen
Du bist bei deinem Namen gerufen. Welchen zweiten Namen möchtest du bekommen als Ausdruck für dein Lebensprogramm?

Gehen

Als aber der Sabbat vorüber war und der erste Tag der Woche anbrach, kamen Maria von Magdala und die andere Maria, um nach dem Grab zu sehen. Und siehe, es geschah ein großes Erdbeben. Denn der Engel des Herrn kam vom Himmel herab, trat hinzu und wälzte den Stein weg und setzte sich darauf. Seine Gestalt war wie der Blitz und sein Gewand weiß wie der Schnee. Die Wachen aber erschraken aus Furcht vor ihm und wurden, als wären sie tot.
Aber der Engel sprach zu den Frauen: Fürchtet euch nicht! Ich weiß, dass ihr Jesus, den Gekreuzigten, sucht. Er ist nicht hier; er ist auferstanden, wie er gesagt hat. Kommt her und seht die Stätte, wo er gelegen hat; und geht eilends hin und sagt seinen Jüngern, dass er auferstanden ist von den Toten. Und

siehe, er wird vor euch hingehen nach Galiläa; dort werdet ihr ihn sehen. Siehe, ich habe es euch gesagt. Und sie gingen eilends weg vom Grab mit Furcht und großer Freude und liefen, um es seinen Jüngern zu verkündigen. Und siehe, da begegnete ihnen Jesus und sprach: Seid gegrüßt! Und sie traten zu ihm und umfassten seine Füße und fielen vor ihm nieder. Da sprach Jesus zu ihnen: Fürchtet euch nicht! Geht hin und verkündigt es meinen Brüdern, dass sie nach Galiläa gehen: Dort werden sie mich sehen.
Mt 28,1–10 (Lutherübersetzung)

Zu Beginn seines Wirkens hat Jesus dem Bericht der Evangelien zufolge Männer berufen. Zu Beginn seines Wirkens als Auferstandener steht die Berufung und Sendung von Frauen. Berufung und Sendung gehören zusammen: *Kommt her und seht,* sagt der Engel vor dem offenen, leeren Grab zu den Frauen. *Geht hin und verkündigt es,* sagt ihnen der Auferstandene.

Kommen und sehen einerseits, gehen und verkündigen andererseits sind Bewegungen, die in der Form des Kreuzes symbolisiert sind:

- Der vertikale Balken eines Kreuzes spiegelt unsere Beziehung zu Gott wider, der horizontale die zu den Mitmenschen. Der vertikale Balken fragt uns: Wie pflegst du deine Beziehung zu Gott? Was nährt deine Seele? Wo sind deine Kraftquellen? Wo hörst du den Ruf »Komm und sieh« und wie folgst du ihm?
- Der horizontale Balken fragt: Wie lässt du dich von Gott in die Welt senden? Wem erzählst du von Gott? Wo und wie verkündest du ihn?

Zeichne für eine **Kreuzbetrachtung** (eventuell in dein spirituelles Tagebuch) folgende Grafik:

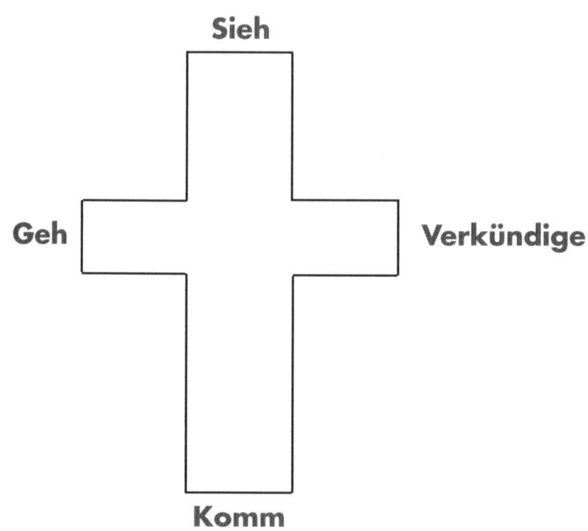

Beantworte die oben genannten Fragen der beiden Balken und schreibe die Antworten jeweils in das horizontale beziehungsweise vertikale Feld. Wenn du möchtest, kannst du zwei Farben verwenden. Mit der einen Farbe beschreibst du deine augenblickliche Beziehung zu Gott und den Menschen, mit der anderen zeigst du Möglichkeiten auf, die du noch wahrnehmen könntest: Was ist deine Vision von einem Kreuz, einer Gott-Mensch-Beziehung, wie du sie dir wünschst?

Besorge dir ein **Handschmeichler-Kreuz** (schon ab etwa drei Euro auch im Internet erhältlich). Umschließe dieses Kreuz mit deiner Hand, nimm die beiden Balken mit dem Tastsinn wahr: Wie fühlt sich die Oberfläche an? Wie verändert sich die Temperatur, wenn es in deiner Hand liegt, wie ist die Form? Spürst du Kanten, Ecken, Rundungen? Sei zuerst mit deiner ganzen Aufmerksamkeit bei dem Kreuz. Dann rufe dir allmählich die Gedanken ins Gedächtnis zurück, die dir bei der Kreuzesbetrachtung in den Sinn gekommen sind. Diese Kreuzesbetrachtung eignet sich besonders gut auch als Gehmeditation.

2. Heil werden

Gesund an Körper und Seele

Und es folgte ihm eine große Menge, und sie umdrängten ihn. Und da war eine Frau, die hatte den Blutfluss seit zwölf Jahren und hatte viel erlitten von vielen Ärzten und all ihr Gut dafür aufgewandt; und es hatte ihr nichts geholfen, sondern es war noch schlimmer mit ihr geworden. Als die von Jesus hörte, kam sie in der Menge von hinten heran und berührte sein Gewand. Denn sie sagte sich: Wenn ich nur seine Kleider berühren könnte, so würde ich gesund. Und sogleich versiegte die Quelle ihres Blutes, und sie spürte es am Leibe, dass sie von ihrer Plage geheilt war. Und Jesus spürte sogleich an sich selbst, dass eine Kraft von ihm ausgegangen war, und wandte sich um in der Menge und sprach: Wer hat meine Kleider berührt? Und seine Jünger sprachen zu ihm: Du siehst, dass dich die Menge umdrängt, und fragst: Wer hat mich berührt? Und er sah sich um nach der, die das getan hatte. Die Frau aber fürchtete sich und zitterte, denn sie wusste, was an ihr geschehen war; sie kam und fiel vor ihm nieder und sagte ihm die ganze Wahrheit. Er aber sprach zu ihr: Meine Tochter, dein Glaube hat dich gesund gemacht; geh hin in Frieden und sei gesund von deiner Plage!

Mk 5,24b–34 (Lutherübersetzung)

Danach war ein Fest der Juden, und Jesus zog hinauf nach Jerusalem. Es ist aber in Jerusalem beim Schaftor ein Teich, der heißt auf Hebräisch Betesda. Dort sind fünf Hallen; in denen lagen viele Kranke, Blinde, Lahme, Ausgezehrte.

Es war aber dort ein Mensch, der lag achtunddreißig Jahre krank. Als Jesus den liegen sah und vernahm, dass er schon so lange gelegen hatte, spricht er zu ihm: Willst du gesund werden? Der Kranke antwortete ihm: Herr, ich habe keinen Menschen, der mich in den Teich bringt, wenn das Wasser sich bewegt; wenn ich aber hinkomme, so steigt ein anderer vor mir hinein. Jesus spricht zu ihm: Steh auf, nimm dein Bett und geh hin! Und sogleich wurde der Mensch gesund und nahm sein Bett und ging hin.

Es war aber an dem Tag Sabbat. Da sprachen die Juden zu dem, der gesund geworden war: Es ist heute Sabbat; du darfst dein Bett nicht tragen. Er antwortete ihnen: Der mich gesund gemacht hat, sprach zu mir: Nimm dein

Bett und geh hin! Da fragten sie ihn: Wer ist der Mensch, der zu dir gesagt hat: Nimm dein Bett und geh hin? Der aber gesund geworden war, wusste nicht, wer es war; denn Jesus war entwichen, da so viel Volk an dem Ort war.
Danach fand ihn Jesus im Tempel und sprach zu ihm: Siehe, du bist gesund geworden; sündige hinfort nicht mehr, dass dir nicht etwas Schlimmeres widerfahre.
Joh 5,1–14 (Lutherübersetzung)

Stell dir vor, die zwei Geheilten treffen einander, die blutflüssige Frau und der Lahme vom Teich Betesda. Sie tauschen sich aus über ihre Heilungsgeschichten. Stell dir den Verlauf des **Gesprächs** in folgenden Schritten vor und hole so viel Informationen wie möglich aus den Texten:
1. Welches Leiden hattest du?
2. Wie bist du mit Jesus in Kontakt gekommen?
3. Beschreibe den Prozess deiner Heilung!
4. Wie verläuft dein Leben nach der Heilung?
5. Was aus deinem Erfahrungsschatz möchtest du weitergeben an andere?

Lies nun das Gespräch, das du aufgezeichnet hast, oder das Gespräch in unseren Notizblättern und unterstreiche die Sätze, die du selbst auch sagen könntest.

AUS UNSEREN NOTIZBLÄTTERN

Gespräch der Geheilten

Der Lahme: Mein ganzes Leben lang war ich hilflos und abhängig von anderen. Ich konnte mich nicht rühren, musste getragen werden. Und wenn ich dann am Teich lag, kam ich nicht zur heilenden Quelle.
Die Frau: Wenigstens hattest du Menschen, die dich getragen haben. Ich hatte niemanden, galt als unrein, wurde ausgegrenzt und habe mich auch selbst von allen zurückgezogen, zwölf Jahre lang – bis ich von Jesus hörte. Das hat mir den Antrieb gegeben, unbedingt Kontakt mit ihm aufzunehmen.
Der Lahme: Ich kam noch nicht einmal auf die Idee, den Kontakt zu Jesus zu suchen. Er hat den Kontakt zu mir gesucht. Er kam auf mich zu und fragte mich: »Willst du gesund werden?«
Die Frau: Beneidenswert! Ich musste selbst aktiv werden. Ich habe mich heimlich durch die Menge von hinten an Jesus herangeschlichen, mehr wagte ich

nicht, denn als Unreine durfte ich niemanden berühren. Aber es war meine letzte Chance.

Der Lahme: An Chancen habe ich längst nicht mehr geglaubt. Ich wäre gar nicht auf die Idee gekommen, um Heilung zu bitten. Und er? Er sagt einfach: »Steh auf, nimm dein Bett und geh hin.« Das habe ich gemacht.

Die Frau: Zwar spürte ich im Moment der verbotenen und verstohlenen Berührung auch sofort, dass ich geheilt war, aber dann begann ich vor Furcht zu zittern, als Jesus sich umwandte und fragte: »Wer hat mich berührt?« Am liebsten hätte ich mich vor ihm versteckt. Aber ich nahm all meinen Mut zusammen und gestand ihm die ganze Wahrheit. Kannst du dir vorstellen, wie erleichtert ich war, als ich ihn sagen hörte: »Meine Tochter, dein Glaube hat dich gesund gemacht«? Seine Worte »Geh hin in Frieden« habe ich noch heute im Ohr, bewege ich noch heute im Herzen, wann immer mich etwas plagt.

Der Lahme: Das ist Heilung, körperliche und seelische. So habe ich es auch erlebt. Als ich mit meiner Matte unter dem Arm zum Tempel ging, wusste ich eigentlich überhaupt nichts. Ich wusste nicht, wer mich geheilt hatte. Ich wusste nicht, was ich auf den Vorwurf der Schriftgelehrten antworten sollte. Ich wusste nicht, wie es mit mir weitergehen soll. Da fand mich Jesus im Tempel. Er öffnete mir die Augen dafür, was wirkliche Heilung ist: nicht sündigen, mit Gott in Frieden sein, wissen, wer Jesus ist, auf seine Worte hören.

Die Frau: Ich finde, das, was wir erlebt haben, können wir nicht oft genug weitererzählen.

Der Lahme: Wir können nicht oft genug sagen, dass Heilsein viel mehr ist als körperliche Gesundheit. Heilsein ist, in Frieden leben dürfen.

Die Frau: Meine Botschaft heißt vor allem: Dranbleiben, Dranbleiben an der eigenen Überzeugung, die kleinste Chance wahrzunehmen. Setze alles auf eine Karte. Tu das, wovon du dir Heilung erhoffst! Mobilisiere deine letzte Kraft- und Mutreserve. Es ist nicht nötig, sich von vorne zu nähern. Es ist nicht nötig, der Rettung ins Gesicht zu sehen und um Erbarmen zu rufen. Das Zugehen auf das Heil kann »von hinten«, verschämt, zurückhaltend sein.

Der Lahme: »Nimm dein Bett und geh hin«, das heißt für mich, ich verdränge die Geschichte meiner Krankheit nicht, geh *mit* ihr weiter. Aber ich lass das los, was mich krank gemacht hat.

Die Frau: »Steh auf! Nimm dein Bett und geh hin!« Diese Worte bedeuten noch mehr. Sie sind ein Befehl. Manchmal ist es notwendig, dass jemand eine klare Forderung ausspricht und damit alles Lamentieren abschneidet.

Der Lahme: Die beiden wichtigsten Voraussetzungen für jedes Heilwerden sind: Zugeben, dass mir etwas fehlt, und den ehrlichen Wunsch haben, gesund zu werden.

Sich von Abhängigkeiten lösen

Und sie kamen ans andere Ufer des Sees in die Gegend der Gerasener. Und als er aus dem Boot trat, lief ihm alsbald von den Gräbern her ein Mensch entgegen mit einem unreinen Geist, der hatte seine Wohnung in den Grabhöhlen. Und niemand konnte ihn mehr binden, auch nicht mit Ketten; denn er war oft mit Fesseln und Ketten gebunden gewesen und hatte die Ketten zerrissen und die Fesseln zerrieben; und niemand konnte ihn bändigen. Und er war allezeit, Tag und Nacht, in den Grabhöhlen und auf den Bergen, schrie und schlug sich mit Steinen. Als er aber Jesus sah von ferne, lief er hinzu und fiel vor ihm nieder und schrie laut: Was willst du von mir, Jesus, du Sohn Gottes, des Allerhöchsten? Ich beschwöre dich bei Gott: Quäle mich nicht! Denn er hatte zu ihm gesagt: Fahre aus, du unreiner Geist, von dem Menschen! Und er fragte ihn: Wie heißt du? Und er sprach: Legion heiße ich; denn wir sind viele. Und er bat Jesus sehr, dass er sie nicht aus der Gegend vertreibe.
Es war aber dort an den Bergen eine große Herde Säue auf der Weide. Und die unreinen Geister baten ihn und sprachen: Lass uns in die Säue fahren! Und er erlaubte es ihnen. Da fuhren die unreinen Geister aus und fuhren in die Säue, und die Herde stürmte den Abhang hinunter in den See, etwa zweitausend, und sie ersoffen im See.
Und die Sauhirten flohen und verkündeten das in der Stadt und auf dem Lande. Und die Leute gingen hinaus, um zu sehen, was geschehen war, und kamen zu Jesus und sahen den Besessenen, wie er dasaß, bekleidet und vernünftig, den, der die Legion unreiner Geister gehabt hatte, und sie fürchteten sich. Und die es gesehen hatten, erzählten ihnen, was mit dem Besessenen geschehen war, und das von den Säuen. Und sie fingen an und baten Jesus, aus ihrem Gebiet fortzugehen.
Und als er in das Boot trat, bat ihn der Besessene, dass er bei ihm bleiben dürfe. Aber er ließ es ihm nicht zu, sondern sprach zu ihm: Geh hin in dein Haus zu den Deinen und verkünde ihnen, welch große Wohltat dir der Herr getan und wie er sich deiner erbarmt hat. Und er ging hin und fing an, in den Zehn Städten auszurufen, welch große Wohltat ihm Jesus getan hatte; und jedermann verwunderte sich.
Mk 5,1–20 (Lutherübersetzung)

Du kannst dich dieser Geschichte mit einem **Bildvergleich** nähern. Lass beim langsamen Lesen der Geschichte vor dem inneren Auge mehrere Bilder entstehen:

1. BILD: Der Besessene vor den Grabhöhlen, in einiger Entfernung Jesus.
2. BILD: Der Besessene auf Knien vor Jesus.
3. BILD: Die Schweine, die sich den Abhang hinabstürzen.
4. BILD: Die fliehenden Schweinehirten.
5. BILD: Der Geheilte, bei Jesus sitzend.
6. BILD: Die erschrockenen Schaulustigen und die Augenzeugen, die Jesus des Landes verweisen.
7. BILD: Jesus, der vom Boot aus dem Geheilten bedeutet, in seinem Land zu bleiben.

Schau die Bilder 1 und 5 genauer an. Du kannst sie tatsächlich malen oder die Bilder in Worten beschreiben. Vergleiche sie und frage dich, welche Gefühle sie in dir auslösen.

AUS UNSEREN NOTIZBLÄTTERN

Der Besessene vor den Grabhöhlen (1. Bild)

Im Hintergrund erheben sich unwegsame Berge, in deren Felswände Grabhöhlen gehauen sind. Der Besessene im Vordergrund ist aus der Höhle, in der er haust, gelaufen. Zerrissene Ketten und Fesseln hängen an ihm herunter, der nackte Körper ist mit blutenden Wunden bedeckt, die er sich selbst mit Steinen beigebracht hat. Sein Gesicht ist vom Schreien verzerrt. In einiger Entfernung von ihm steht Jesus.

Der Geheilte, bei Jesus sitzend (5. Bild)

Ein Mensch sitzt da bei Jesus, anständig gekleidet, ruhig, mit klarem Gesichtsausdruck.

Einfühlen in die Bilder

Das Bild vom Besessenen vor den Grabhöhlen löst Entsetzen, Abscheu, Ekel, Angst aus.

Das andere Bild strahlt Ruhe, Harmonie, Frieden, Geborgenheit in menschlicher Nähe aus, ein Bild alltäglicher Normalität.

Unwillkürlich sehnte ich mich als Betrachter danach, von Bild 1 zu Bild 5 zu gelangen.

Sammle Gegensatzworte. Durch Unterstreichen mit zwei Farben lassen sich im Bibeltext jene Ausdrücke und Wörter hervorheben, die ein »Vorher-Nachher-Bild« beschreiben. In zwei Listen gebracht, ergeben die Begriffe **Gegensatzpaare**, die Ausgangs- und Endpunkt der Heilung markieren.

AUS UNSEREN NOTIZBLÄTTERN

Vorher	Nachher
Besessener	Mensch
entgegenlaufen	dasitzen
Grabhöhlen	dein Haus
schreien	verkünden
zerrissen	bekleidet
hinunterstürmen	bleiben ... hingehen
ungebändigt	vernünftig
die unreinen Geister	die Deinen
quälen	erbarmen
Ketten und zerriebene Fesseln	große Wohltat
die Grabhöhlen auf den Bergen	die Zehn Städte

Zwischen dem Vorher und dem Nachher hat eine Entwicklung stattgefunden, ein Heilungsprozess. Diesen Prozess gilt es nachzuvollziehen.

Für eine Einfühlung in das, was geschehen ist, ist es auch hilfreich, sich in die einzelnen Personen hineinzuversetzen und durch Antworten auf die **Fragen eines Interviewers** die emotionale und gedankliche Welt der befragten Gestalten nach der Methode des Bibliologs lebendig werden zu lassen. Dabei sind durchaus gegensätzliche Äußerungen möglich.

1. *Schweinehirt, wie geht es dir nach den aufregenden Ereignissen?*

- Ich bin wütend und ratlos, denn ich habe meine Existenzgrundlage verloren.
- Im ersten Augenblick war ich kopflos und bin einfach auf und davon gelaufen.
- So etwas habe ich noch nie erlebt. Davon kann ich gar nicht oft genug erzählen ...

2. *Jünger, du hast die Stillung des Sturms miterlebt und nun die Heilung des Besessenen. Was willst du von diesem deinem Meister?*

- Allmählich wird er mir unheimlich.
- Ich bin völlig begeistert und stolz, zu ihm zu gehören.
- Ich habe es schon immer gewusst: Er beherrscht die Naturgewalten und ist sogar Herr über die Dämonen. Er ist der Messias, auf den ich mein Leben lang gewartet habe.
- ...

3. *Leute aus Stadt und Land, was sagt ihr zu dem, was ihr seht?*

- Ich habe mich immer vor dem Besessenen gefürchtet. Aber vor dem, was hier geschehen ist, fürchte ich mich noch mehr.
- Ich glaube nicht, dass der Mann, der hier sitzt und vernünftig spricht, derselbe ist wie der Besessene, den ich kannte.
- Ich frage mich, wer dieser Jesus ist, der solche Taten vollbringt.
- Mir ist das alles unheimlich. Ich möchte, dass dieser Jesus so schnell wie möglich aus unserer Gegend verschwindet.
- ...

4. *Mann, der du besessen warst, was ist mit dir geschehen?*

- Für mich ist es, wie wenn ich aus einem Albtraum erwacht wäre. Doch es war kein Traum. Die Spuren an meinem Körper zeugen davon, dass wirklich etwas in mir gegen mich gewütet, mich verletzt, aus mir herausgeschrien hat. In der Zeit meiner Besessenheit war ich nicht ich selbst, nicht bei mir.
- Jesus war der Einzige, der unterschieden hat zwischen mir als Mensch und mir als Besessenem. Er war der Einzige, der mich immer als Mensch mit einer Krankheit gesehen hat.
- Ich habe mein Leben zurückbekommen. Nie werde ich aufhören, Jesus dankbar zu sein.
- Ich bin überwältigt von Glück. Mein ganzes Leben will ich Jesus schenken und ihm nachfolgen.
- Ich wollte bei Jesus bleiben. Aber er hat mich nach Hause zurückgeschickt, damit ich allen hier meine Geschichte erzähle.

5. *Jesus, wer hat dir die Macht gegeben, Wunder zu tun?*

- Gott, der Allerhöchste, tut die Wunder.
- In Gottes Namen sage ich, was ich sage, und tue ich, was ich tue.

- Die Wunder sind Zeichen, Zeichen dafür, dass das Reich Gottes angebrochen ist.
- Weil ich meinem Gott Wunder wirklich zutraue, können sie geschehen.
- …

6. Dämon, du bist Legion, was bedeutet diese Geschichte für dich?
- Ich bin zum ersten Mal jemandem begegnet, der stärker ist als ich, der mir befehlen konnte.
- Meine größte Angst war, Jesus könnte mich einfach nur austreiben. Dann hätte ich ruhelos umherirren und mir ein neues Opfer suchen müssen.
- Wir flehten Jesus an, uns in die Schweine fahren zu lassen, denn Unreines sucht sich Unreines.
- Ich wollte endlich Frieden, endlich erlöst sein von mir selbst. Der Tod ist meine Erlösung.
- Jesus hat meine Bitte erhört. Ich bin ihm dankbar.
- …

Wer hat sich deiner Meinung nach in der Geschichte am meisten entwickelt, verändert, befreit?

Die Geschichte ist wohl an keinem spurlos vorübergegangen. Auf den ersten Blick mag es scheinen, als ob der Besessene sich am meisten verändert hätte (siehe oben die Vorher-/Nachher-Bilder und Gegensatzpaare). Bei näherer Betrachtung drängt sich jedoch geradezu der Gedanke auf, dass der Dämon eine mindestens ebenso große Befreiung erlebt. Ohnehin standen Dämon und Besessener in einer solch engen und symbiotischen Beziehung, dass ihre Geschichten sich kaum voneinander trennen lassen. Während der Mensch jedoch in ein neues Leben befreit wird, wird der Dämon aus seinem zwanghaften, friedlosen, umherschweifenden Dasein befreit und darf im Tod Ruhe finden.

Was hat diese Geschichte mit uns zu tun? Wir leben nicht in Grabhöhlen, verletzen uns nicht mit Steinen. Aber Dämonen gibt es auch heute. Das können quälende Gedanken sein, die einen nicht loslassen. Das kann eine Sucht sein, der man sich hilflos ausgeliefert fühlt. Das können Abhängigkeiten sein, die in unserer Gesellschaft nicht einmal als Sucht gelten, zum Beispiel *workaholism*. Das können Gefühle sein, die zeitweilig so stark sind, dass man sie nicht in den Griff bekommt.

Begib dich auf eine **Fantasiereise**. Setz dich hin, aufrecht und entspannt, nimm deinen Körper und deinen Atem wahr und schließe die Augen.

Nun stellst du dir vor, du stehst auf, verlässt den Raum, deine Wohnung, trittst vor die Haustür. Vor dir liegt eine lange, menschenleere, eintönige Straße, an deren Ende sich ein riesiges, graues Betongebäude erhebt. Obwohl es abschreckend auf dich wirkt, zieht es dich magisch an. Du betrittst das Haus. Lange Flure, unzählige Türen, die alle gleich aussehen, kaltes Neonlicht. Erst jetzt siehst du, dass an jeder Tür ein Schild angebracht ist. Du beginnst die Aufschriften zu lesen und stellst plötzlich fest: Hier hausen Dämonen unserer Zeit. Ich lese Namen von Ängsten und Begierden, von Süchten, von Abhängigkeiten, von destruktiven Gefühlen. Welche Namen liest du? ...

Du kannst dem Drang nicht widerstehen, eine Tür zu öffnen. Was siehst du? ...

Wie viele/welche Türen öffnest du, bevor du den Rückweg antrittst und wieder zurückkehrst in deine Welt?

In der biblischen Geschichte erfährst du auch, wie du deine Dämonen loswerden kannst. Wie Jesus mit den Dämonen umgeht, das lässt sich auch auf unser Leben heute übertragen.

Jesus und die Dämonen – was der biblische Text sagt	Übertragung auf mein Leben – eine Gedankenübung
Jesus hat Macht über die Dämonen.	Jesus ist stärker als meine Sucht.
Die Dämonen erkennen die Überlegenheit Jesu an.	Ich stelle mir vor, wie meine personifizierte Sucht vor Jesus auf die Knie geht und ihn als Sohn Gottes bekennt.
Der Dämon bittet um Gnade.	Nicht ich muss Angst haben, dass meine Sucht mich quält, sondern meine Sucht hat Angst, dass Jesus sie quält.

Jesus fragt den Dämon nach seinem Namen, weil er ihn ernst nimmt und man über das Gewalt hat, was man beim Namen nennen kann. (Rumpelstilzcheneffekt!)	Jesus nimmt meine Sucht ernst, verharmlost sie nicht. Er spricht mit meiner Sucht, besteht darauf, dass sie benannt und damit greifbar wird.
Jesus erhört ihre Bitten, vertreibt sie nicht, sondern erlaubt ihnen, im wahrsten Sinne des Wortes zu Grunde zu gehen.	Ich bitte Jesus darum, meine Sucht nicht zu vertreiben – sie könnte wiederkommen –, sondern ihr zu erlauben, zu Grunde zu gehen. Ich scheue mich nicht, mir eine Schweineherde vorzustellen, in die meine Sucht fährt, um sich zu Tode zu stürzen.
Jesus trennt zwischen der Person und dem Geist, der sie besetzt. Er sagt nicht »der Besessene«, sondern: »Fahr aus, unreiner Geist, von dem Menschen!«	Lass dich von Jesus beim Namen nennen. Lass dir von ihm sagen: Du hast eine Sucht. Aber du bist nicht deine Sucht. Du bist viel mehr. Du bist Kind Gottes.

Diese Übung kann täglich wiederholt werden, bis du Hilfe und Heilung spürst. Wenn das geschieht, dann mach es wie der Gerasener: Erzähl deine Geschichte weiter!

3. Auferstehen

Eigene Schritte wagen

Da kam einer von den Vorstehern der Synagoge, mit Namen Jairus. Und als er Jesus sah, fiel er ihm zu Füßen und bat ihn sehr und sprach: Meine Tochter liegt in den letzten Zügen; komm doch und lege deine Hände auf sie, damit sie gesund werde und lebe. Und er ging hin mit ihm (...)
Als er noch so redete, kamen einige aus dem Hause des Vorstehers der Synagoge und sprachen: Deine Tochter ist gestorben; was bemühst du weiter den Meister? Jesus aber hörte mit an, was gesagt wurde, und sprach zu dem Vorsteher: Fürchte dich nicht, glaube nur! Und er ließ niemanden mit sich gehen als Petrus und Jakobus und Johannes, den Bruder des Jakobus.
Und sie kamen in das Haus des Vorstehers, und er sah das Getümmel und wie sehr sie weinten und heulten. Und er ging hinein und sprach zu ihnen: Was lärmt und weint ihr? Das Kind ist nicht gestorben, sondern es schläft. Und sie verlachten ihn. Er aber trieb sie alle hinaus und nahm mit sich den Vater des Kindes und die Mutter und die bei ihm waren, und ging hinein, wo das Kind lag, und ergriff das Kind bei der Hand und sprach zu ihm: Talita kum! – das heißt übersetzt: Mädchen, ich sage dir, steh auf! Und sogleich stand das Mädchen auf und ging umher; es war aber zwölf Jahre alt. Und sie entsetzten sich sogleich über die Maßen.
Und er gebot ihnen streng, dass es niemand wissen sollte, und sagte, sie sollten ihr zu essen geben.

Mk 5,22–24a.35–43 (Lutherübersetzung)

Im Lebenslauf eines Menschen gibt es immer wieder Übergänge von einem Entwicklungszustand in den nächsten, von einem sozialen Status in den anderen: von der Pubertät ins Erwachsenenalter, vom Singledasein in die Ehe, vom Berufsleben in den Ruhestand und so weiter. Da diese Übergänge oft mit ambivalenten Gefühlen, auch mit Angst verbunden sind, haben sich gesellschaftliche Rituale herausgebildet, die über die Schwelle geleiten und öffentlich gefeiert werden: Besonders der Übergang ins Erwachsenenalter wurde seit jeher in vielen Kulturen von Initiationsriten begleitet. Wo es keine Konfirmation und Firmung mehr gab, wurde die Jugendweihe eingeführt; an Polterabenden und Junggesellenpartys verabschieden sich Menschen von einer Lebensphase und Lebensform; jeder Silvesterabend, jede Geburtstagsfeier hat den Charakter eines solchen Übergangs- und Trennungsrituals.

Die Geschichte von der Auferweckung der Tochter des Jairus ist die Geschichte eines gelungenen Passageritus von der Kindheit ins Erwachsenenleben. Die im Text oben unterstrichenen Satzteile markieren einzelne Schritte im Übergangsprozess.

1. Benenne und beschreibe diese Etappen anhand der vorgegebenen Textstellen.
2. Suche für die einzelnen Schritte jeweils eine prägnante **Überschrift**.

AUS UNSEREN NOTIZBLÄTTERN

Die einzelnen Etappen

a) Er fiel ihm zu Füßen und bat ihn sehr.
Das Mädchen, das wie tot, wie gelähmt ist, blockiert und handlungsunfähig, hat einen Fürsprecher, der für sie Hilfe holt, ja, sich für sie in den Staub wirft.

b) Er ging hin mit ihm.
Ohne nachzufragen und ohne Bedingungen zu stellen geht Jesus zu dem Mädchen, das in den letzten Zügen liegt.

c) Fürchte dich nicht, glaube nur.
Der erste Zuspruch richtet sich an den, der Hilfe holt. Stellvertretend für das Mädchen muss er glauben und vertrauen.

d) Das Kind ist nicht gestorben, sondern es schläft.
In einer Übergangszeit braucht es jemanden, der die Dinge »von außen« in einer neuen Perspektive sieht, der eine andere Wahrnehmung hat.

e) Er aber trieb sie alle hinaus.
Vorübergehend ist für die Betroffene ein Schutzraum zu schaffen, in dem es kein Heulen und Klagen gibt.

f) Er nahm mit sich den Vater des Kindes und die Mutter und die bei ihm waren.
Bezugs- und Begleitpersonen werden in den Prozess einbezogen. In begrenztem Umfang wird auch die Öffentlichkeit hergestellt.

g) Er ergriff das Kind bei der Hand und sprach: Talita kum!
Durch Berührung und Wort verknüpft Jesus die beiden Phasen »Kind« und »Mädchen«. Er ergreift die Hand des »Noch-Kindes« und spricht zu dem »Schon-Mädchen«.

h) Das Mädchen stand auf und ging umher.
Das Gehen im neuen Status ist noch nicht zielgerichtet. Es ist ein Sich-Orientieren, eine Suchbewegung, ein Sondieren unterschiedlicher Möglichkeiten.

i) Sie sollten ihr zu essen geben.

Die Bezugspersonen sind verantwortlich dafür, dass das Mädchen für die neue Lebensphase gestärkt wird.

Die Überschriften

a) Der Fürsprecher
b) Der Begleiter
c) Das Urvertrauen
d) Die neue Wahrnehmung
e) Die Herstellung der Privatsphäre
f) Die Begleitpersonen
g) Die heilende Berührung – das aufrichtende Wort
h) Die Orientierung
i) Die Stärkung

Aktualisiere die biblische Geschichte. Rufe dir eine Übergangserfahrung aus dem eigenen Leben ins Gedächtnis und schreibe die biblische Geschichte so um, als sei sie die deine! Die einzelnen Gestalten der Geschichte können auch Persönlichkeitsanteile von dir selbst verkörpern.

AUS UNSEREN NOTIZBLÄTTERN

Mein 50. Geburtstag

Jesus ist in mir gegenwärtig. Aber in mir versammeln sich auch Angst vor dem Altwerden, vor körperlicher Schwäche, das Gefühl von Überforderung, Sorgen um die Zukunft, die Ungewissheit: Habe ich alles erreicht, was ich erreichen wollte? Mein Fürsprecher taucht auf. Er fällt Jesus zu Füßen und bittet ihn, mich zu segnen, damit ich leben kann. Ohne Bedingungen zu stellen oder weiter zu fragen, ist Jesus bereit. Er bestärkt meinen Fürsprecher in seinem Glauben und seinem Vertrauen und vermittelt ihm eine neue Sichtweise meiner Situation: Du hast jetzt Chancen, die du vorher nicht kanntest, und manche Sorgen, die dich früher belasteten, fallen weg. Schau auf die Freiheiten, die sich dir jetzt eröffnen. Jesus bringt die Stimmen des Klagens, des Jammerns und der Angst zum Schweigen. Jesus nimmt die Engel meines Lebens – die Erfahrungen von Geborgenheit, Bewahrung, Fürsorge, Unterstützung, Liebe – mit sich und stellt sie um mich her. Gleichzeitig zeigt er mir, dass es in mir noch unbekannte

Begleiter gibt – es gibt in meinem Leben noch Neues, Fremdes, mit dem ich in Beziehung kommen kann, das ich entdecken kann.
Aber noch liege ich da wie tot. Ich spüre, wie Jesus meine Hand ergreift, und höre ihn sagen: »Steh auf!« Ich richte mich auf, blicke umher und beginne zu erkennen, was das Leben mir noch zu bieten hat.
Jesus wendet sich an all die Kräfte, die in mir wohnen, und bittet sie, mich zu stärken: mein Selbstwertgefühl, meine Kreativität, meine Neugier und meine Fähigkeit zu staunen, die Früchte meines Lebens, meinen Glauben.

Einen geliebten Menschen gehen lassen

Maria aber stand draußen vor dem Grab und weinte. Als sie nun weinte, schaute sie in das Grab und sieht zwei Engel in weißen Gewändern sitzen, einen zu Häupten und den andern zu Füßen, wo sie den Leichnam Jesu hingelegt hatten. Und die sprachen zu ihr: Frau, was weinst du? Sie spricht zu ihnen: Sie haben meinen Herrn weggenommen und ich weiß nicht, wo sie ihn hingelegt haben.
Und als sie das sagte, wandte sie sich um und sieht Jesus stehen und weiß nicht, dass es Jesus ist. Spricht Jesus zu ihr: Frau, was weinst du? Wen suchst du? Sie meint, es sei der Gärtner, und spricht zu ihm: Herr, hast du ihn weggetragen, so sage mir, wo du ihn hingelegt hast; dann will ich ihn holen. Spricht Jesus zu ihr: Maria! Da wandte sie sich um und spricht zu ihm auf Hebräisch: Rabbuni!, das heißt Meister!
Spricht Jesus zu ihr: Rühre mich nicht an! Denn ich bin noch nicht aufgefahren zum Vater. Geh aber hin zu meinen Brüdern und sage ihnen: Ich fahre auf zu meinem Vater und zu eurem Vater, zu meinem Gott und zu eurem Gott. Maria von Magdala geht und verkündigt den Jüngern: Ich habe den Herrn gesehen, und das hat er zu mir gesagt.
Joh 20,11–18 (Lutherübersetzung)

Diese Auferstehungsgeschichte ist zentral für unseren christlichen Glauben. Jesus erscheint Maria Magdalena, für sie zunächst nicht wiedererkennbar, also in einer neuen Gestalt, einer neuen, einer »jenseitigen Körperlichkeit«. Die Worte aus Jesu Mund *Rühre mich nicht an*, wörtlich »halt mich nicht fest, lass mich nun los«, deuten darauf hin, dass hier eine körperliche

Begegnung, kein rein geistiges Geschehen stattfindet. Es ist eine geheimnisvolle, sehr dichte Erzählung, die in Worte fassen will, was eigentlich unsagbar ist – es ist Mystik.

Solch eine Geschichte lässt sich nicht in einer Stunde »abhandeln«. Sie braucht Raum. Begib dich einen ganzen Tag lang mit dem Neuen Testament auf einen **Bibelwanderweg**. Du suchst dir eine landschaftlich schöne und dir möglichst bekannte Wegstrecke, die du allein, zu zweit oder in einer kleinen Gruppe gehst.

Am Anfang deines Weges liest du mehrmals Joh 20,11–18. Geh ein Stück und lass einzelne Stellen des Textes absichtslos in dir nachklingen. Nach fünfzehn bis zwanzig Minuten hältst du inne. Jetzt beginnt dein Ausflug ins Neue Testament zur ersten Verweisstelle (s.u.). Lies die vorgeschlagene Geschichte und bedenke im Weitergehen, welches Licht sie auf den Text des Johannesevangeliums wirft. Du kannst als Hilfe die vorgeschlagenen Impulsfragen verwenden. Bist du mit anderen unterwegs, kann das nach einer Weile des Schweigens auch im gegenseitigen Austausch geschehen.

Auf diese Weise wanderst du durch die ganze Geschichte. Es ist gut, wenn du dir dazu Notizen machst.

1. *Maria aber stand draußen vor dem Grab und weinte.*
Verweisstelle: Joh 10,1–44
Impulsfragen: Welche Parallelität zwischen den beiden Geschichten ist zu entdecken? Beachte besonders die Verse 35, 38 und 44!

2. *Zwei Engel in weißen Gewändern*
- Verweisstellen: Lk 1,5–38, Lk 2,9–14, Lk 22,43, Mt 4,11, Mt 28,2–6
  Impulsfragen: Was strahlen Engel aus? Was lösen Engel beim Menschen aus? Worin besteht ihr Auftrag?
- Verweisstellen: Mt 17,2–6, Lk 23,11
  Impulsfrage: Welche Bedeutung hat die Farbe Weiß?

3. *Frau, was weinst du?*
Herr, hast du ihn weggetragen, so sage mir, wo du ihn hingelegt hast; dann will ich ihn holen.
Maria!
Rabbuni!
Rühre mich nicht an! Denn ich bin noch nicht aufgefahren zum Vater. Geh aber hin

zu meinen Brüdern und sage ihnen: Ich fahre auf zu meinem Vater und zu eurem Vater, zu meinem Gott und zu eurem Gott.
Verweisstelle: Joh 4,7–26
Impulsfrage: Worauf deutet das scheinbare Aneinander-Vorbeireden hin?

4. *Rühre mich nicht an/Halte mich nicht fest.*
Verweisstelle: Joh 8,51
Impulsfrage: Um welche Art des Festhaltens und Loslassens geht es Jesus?

5. *Und als sie das sagte, wandte sie sich um und sieht Jesus stehen und weiß nicht, dass es Jesus ist ...*
Da wandte sie sich um und spricht zu ihm auf Hebräisch: Rabbuni.
Verweisstelle: Mt 18,3 (für »umkehren« in Mt 18,3 und »umwenden« in Joh 20,14.16 steht im Griechischen dasselbe Wort)
Impulsfrage: Welches Licht wirft Mt 18,3 auf den Prozess des Umwendens der Maria in Joh 20,14 und Joh 20,16?

AUS UNSEREN NOTIZBLÄTTERN

1. Jesus weint wie Maria. Jesus kommt zum Grab wie Maria, steht wie sie draußen vor der Grabhöhle. Er macht in Bezug auf seinen Freund Lazarus die gleiche Erfahrung der Trauer wie Maria mit ihrem Rabbi. In beiden Geschichten ist er aber derjenige, der zum Loslassen aufruft: *Halte mich nicht fest* und *Lasst ihn gehen.*

2. Engel strahlen göttlichen Glanz aus. Wo immer Engel erscheinen, steht der Himmel offen. In der Regel reagieren die Menschen mit Furcht und sie erschrecken. Deshalb sagt der Engel stets: *Fürchtet euch nicht!* Nur die trauernde Maria Magdalena ist so gefangen in ihrem Schmerz und so außer sich, dass für kein anderes Gefühl mehr Platz ist. Das scheinen die Engel zu wissen und gehen auf ihre Tränen ein: *Frau, was weinst du?* Mit dieser Frage haben sie offensichtlich ihren Auftrag schon erfüllt, während sie sonst Botschafter göttlicher Offenbarung sind. – Die Farbe Weiß deutet auf Gott und sein überirdisches Licht hin.

3. Beide Dialoge zwischen Jesus und einer Frau sind, menschlich betrachtet, Beispiele für missglückte Kommunikation. Die Frauen bewegen sich inhaltlich

nicht auf derselben Ebene wie Jesus. Sie reden von Weltlichem, er von Himmlischem. Aber dieses Missverständnis ist der Preis, den Menschen bezahlen müssen, um göttliche Offenbarung zu hören. Formal jedoch reagiert Maria Magdalena auf derselben sprachlichen Ebene: Frau – Herr; Maria – Rabbuni.

4. Jesus ist nicht in seiner sterblichen, diesseitigen Körperlichkeit festzuhalten, sondern allein in seinem unsterblichen, ewigen Wort.

5. Wenn man sich das Geschehen bildlich vorstellt, sieht man vielleicht, dass Maria zunächst nur den Kopf zu ihrem Rabbi dreht, ihm dann aber den ganzen Körper zuwendet. Symbolisch gedacht ist das ein schrittweiser Prozess der inneren Umkehr vom Tod, also weg vom Grab, hin zum Leben, das heißt hin zum Auferstandenen und seinem Auftrag. Dass das Umwenden weit mehr als ein körperliches Umwenden ist, zeigt die Verweisstelle Mt 18,3: *Wenn ihr euch nicht umwendet und wie die Kinder werdet, werdet ihr nicht ins Himmelreich kommen.* Die Rede ist von einer Lebenswende, von einer Neuordnung aller Werte, einer Umkehr.

Lies deine Notizen und frage dich, was sie dir über Prozesse des Abschiednehmens sagen.

AUS UNSEREN NOTIZBLÄTTERN

1. Setz dich der Trauer aus, lass Tränen zu, aber lass dich nicht lähmen. Geh zum Grab, blick hinein in das Dunkel deines Schmerzes und deiner Erinnerungen und lass dann los.

2. Lass dich von einem »Engel« nach deinem Schmerz fragen. Rede über deine Trauer. Durch das Reden mit deinem »Engel« werden die dunklen Erinnerungen allmählich weiß, das heißt, mit der Zeit kannst du das Schmerzhafte als zu deinem Leben gehörend ansehen und in deine Lebensgeschichte integrieren. Wenn das gelingt, fällt so etwas wie göttlicher Glanz auf dich und dein Leben.

3. Grundsätzlich ist göttliche Botschaft nicht zu verstehen. Man kann sie nur glauben und verkündigen. Trost dringt in einer akuten Trauerphase nicht bis ins Herz des Trauernden, allenfalls das Gerufenwerden beim Namen.
Auch Sterbende und Lebende reden oft an einander vorbei, weil sie sich in verschiedenen Welten mit verschiedenen Prioritäten befinden. Das Aussprechen des Namens schafft Kontakt.

4. Festhalten am unsterblichen Wort muss eingeübt werden, damit ich in der Not darauf zurückgreifen kann. Dazu gehört ein Loslassen dessen, was sterblich ist.

5. Mit dem Umwenden, Umkehren ist es wie mit dem Loslassen und Festhalten: Es ist ein lebenslanger Lernprozess.

Schließe die Betrachtung dieses Textes mit einer **Namenmeditation** ab. Überlege dir zunächst, welche verschiedenen Namen es für Jesus gibt: Herr, Meister, Freund, Bruder, Heiland, Erlöser, Menschensohn, Rabbi Dann entscheide dich für einen Namen, der deiner Jesusbeziehung am meisten entspricht.

Stell dir vor, Jesus ist neben dir (im Sitzen oder Gehen) und ruft dich, so wie Maria Magdalena, bei deinem Namen. Lausche auf den Klang seiner Stimme. Was schwingt mit? Klingt dein Name aus seinem Mund ermutigend, fragend, fordernd, enttäuscht, zärtlich, vorwurfsvoll, tröstlich, besorgt, gütig …? Nach einer Weile wiederholt er deinen Namen. Hat sich etwas verändert? Antworte, ähnlich wie Maria Magdalena, mit dem Namen, der deine Jesusbeziehung am besten ausdrückt. Bleib so eine Zeitlang mit Jesus im Gespräch.

5
NÄHE UND DISTANZ: LUST AM DU

1. Zärtlich sein und sich berühren lassen

Die Liebe feiern

Eine Frau bricht auf zu ihrem ersten Tag der Straßenexerzitien. Bei dieser Form von Exerzitien werden die Teilnehmerinnen und Teilnehmer jeden Morgen auf die Straßen der Stadt geschickt, um Gott zu suchen und ihm zu begegnen. Sie sollen sich kein Programm machen, einfach losgehen, offen sein und sehen, was passiert.

An diesem Morgen hat der Exerzitienbegleiter den Teilnehmerinnen und Teilnehmern allerdings einen Impuls gegeben: sie sollten sich »ohne Beutel«, also ohne Tasche und ohne Geld auf den Weg machen. Die Frau, gewohnt zu tun, was man ihr empfiehlt, sich nicht aufzulehnen, folgsam zu sein, spürt plötzlich starken Widerstand gegen die Anweisung. Sie beschließt, gegen alle sonstige Gewohnheit, dem Widerstand nachzugeben. Sie nimmt Geld mit und setzt sich am helllichten Vormittag in ein Café, wo sie sich eine Tasse heiße Schokolade gönnt – etwas, das sie schon unter »normalen« Umständen nie gemacht hätte.

Stell dir vor, du bist die Frau. Es ist der Abend dieses Tages. Zusammen mit den anderen bist du zurückgekehrt, um gemeinsam mit dem Exerzitienbegleiter die Erlebnisse des Tages noch einmal anzusehen und zu besprechen. Wie gibst du deine Erfahrung weiter und wie ist das Echo der anderen?

Frau: Normalerweise tue ich, was man mir sagt. Wir haben ja auch versprochen, uns während dieser Exerzitien »führen« zu lassen. Dass ich genau das Gegenteil gemacht habe, Geld mitgenommen und mir im Café eine heiße Schokolade geleistet habe, widerspricht ganz und gar meiner Natur. Es ist nicht meine Art, mich aufzulehnen und trotzig zu sein. Aber auf einmal habe ich gespürt: Das ist kein Trotz, das ist eine große Befreiung. Ich darf ungehorsam sein! Ich habe meine Schokolade genossen und mir ist das Wort eingefallen »befreit zur wunderbaren Freiheit der Kinder Gottes«.

Teilnehmer/innen:
- Ich finde es großartig, dass du dich das getraut hast!
- Für mich war gerade das eine Befreiung, ohne Geld loszugehen, nichts zu haben, nichts festhalten zu müssen.
- Gab es einen Augenblick, wo du auch ein schlechtes Gewissen gespürt hast? Ich hätte das nicht gewagt.
- ...

Exerzitienbegleiter:
Deine Beziehung zu dir, deine Beziehung zu den Menschen und deine Beziehung zu Gott lassen sich nicht trennen. So wie du mit dir und deinen Mitmenschen umgehst, gehst du mit Gott um. Heute hast du dir Gutes getan, du hast dir Liebe erwiesen. Darin lag für dich heute die Gottesbegegnung. Für dich war die »Verschwendung«, mit der du dich heute geliebt hast, eine befreiende Erfahrung. Das war echt, ohne Falsch. Du warst unvernünftig und ungehorsam. Aber du warst ganz nah bei Gott.

Lies vor dem Hintergrund dieser wahren Begebenheit nun folgende Geschichte:

> *Und als er in Betanien war im Hause Simons des Aussätzigen und saß zu Tisch, da kam eine Frau, die hatte ein Glas mit unverfälschtem und kostbarem Nardenöl, und sie zerbrach das Glas und goss es auf sein Haupt. Da wurden einige unwillig und sprachen untereinander: Was soll diese Vergeudung des Salböls? Man hätte dieses Öl für mehr als dreihundert Silbergroschen verkaufen können und das Geld den Armen geben. Und sie fuhren sie an.*

Jesus aber sprach: Lasst sie in Frieden! Was betrübt ihr sie? Sie hat ein gutes Werk an mir getan. Denn ihr habt allezeit Arme bei euch, und wenn ihr wollt, könnt ihr ihnen Gutes tun; mich aber habt ihr nicht allezeit. Sie hat getan, was sie konnte; sie hat meinen Leib im Voraus gesalbt für mein Begräbnis. Wahrlich, ich sage euch: Wo das Evangelium gepredigt wird in aller Welt, da wird man auch das sagen zu ihrem Gedächtnis, was sie jetzt getan hat.

Mk 14,3–9 (Lutherübersetzung)

Im Neuen Testament finden sich vier verschiedene Salbungsgeschichten, in jedem Evangelium eine. Jeder Evangelist erzählt die Geschichte etwas anders:

Bei Matthäus (Mt 26,6–13) heißt es, »eine Frau« salbt »im Hause Simons des Aussätzigen« das Haupt Jesu mit einem kostbaren Öl und die Jünger ereifern sich darüber.

Auch bei Markus ist es eine nicht näher bezeichnete Frau, die das Haupt Jesu »im Hause Simons des Aussätzigen« mit einem kostbaren Nardenöl salbt. »Einige« regen sich darüber auf – man weiß nicht, wer das ist.

Bei Lukas (Lk 7,36–50) ist es eine Sünderin, die Jesus im Hause des Pharisäers Simon die Füße mit ihren Tränen benetzt, mit ihren Haaren trocknet, sie küsst und mit Salböl salbt, und der Pharisäer murrt darüber.

Bei Johannes (Joh 12,1–8) findet die Salbung im Hause der Geschwister Maria, Martha und Lazarus statt. Maria salbt die Füße Jesu und trocknet sie mit ihrem Haar und Judas nimmt daran Anstoß.

So geben die Evangelisten der Geschichte jeweils eine andere Färbung. Doch es gibt einige wichtige Gemeinsamkeiten in allen vier Darstellungen: Eine Frau vollzieht an Jesus kurz vor seiner Passion eine Zeichenhandlung. Das Salben steht symbolisch sowohl für die Salbung zum König als auch für die Salbung »zum Tode«. Die Salbung mit dem kostbaren Öl (Wert: Jahreseinkommen für eine Familie!) ist auch Ausdruck verschwenderischer Liebe. Dass sich diese Liebe zudem noch durch zärtliche körperliche Berührung zeigt, löst in der »Männerwelt« Empörung aus, vielleicht gar Neid. Jesus aber nimmt die Liebe der Frau an, genießt sie und verteidigt sie gegen die Angriffe.

Es gibt ein **Gedicht** von Erich Fried mit dem Titel »Gründe«. Wähle die Zeilen aus, die zu dieser biblischen Geschichte passen, und ergänze sie durch eigene Ideen: Was für Gründe hätte die Frau vorbringen können, um das *nicht* zu tun, was sie getan hat? Wie würdest du den Schluss schreiben?

GRÜNDE

»Weil das alles nicht hilft
Sie tun ja doch was sie wollen

Weil ich mir nicht nochmals
die Finger verbrennen will

Weil man nur lachen wird:
Auf dich haben sie gewartet

Und warum immer ich?
Keiner wird es mir danken

Weil da niemand mehr durchsieht
sondern höchstens noch mehr kaputtgeht

Weil jedes Schlechte
vielleicht auch sein Gutes hat

Weil es Sache des Standpunktes ist
und überhaupt wem soll man glauben?

Weil auch bei den anderen nur
mit Wasser gekocht wird

Weil ich das lieber
Berufeneren überlasse

Weil man nie weiß
wie einem das schaden kann

Weil sich die Mühe nicht lohnt
weil sie alle das gar nicht wert sind

Das sind Todesursachen
zu schreiben auf unsere Gräber

die nicht mehr gegraben werden
wenn das die Ursachen sind«

Erich Fried

Unsere Gründe

Weil das alles nichts bringt
Sie sind ja viel mächtiger als ich

Weil ich mir nicht nochmals
die Finger verbrennen will

Weil man nur lachen wird:
Auf dich haben sie gewartet

Weil ich das lieber
Berufeneren überlasse

Weil man nie weiß
wie einem das schaden kann

Weil man es mir falsch auslegen wird
keiner wird es verstehen

Weil ich da nichts zu suchen habe
Da könnte ja jeder kommen

Weil man so etwas nicht tut
Das hat es noch nie gegeben

Das sind die Gründe
Aus denen die Liebe stirbt

Wenn nicht jemand aufsteht
Und sagt: Trotzdem!

Wann hast du etwas getan/gesagt, was man nicht tut/sagt, wann warst du unvernünftig oder verschwenderisch aus Liebe zu dir, zu einem anderen Menschen, zu Gott? Wann hast du Gefühle gezeigt, obwohl sich das »nicht gehört«? Halte es schriftlich fest!

Zeit für Zärtlichkeit

Bevor du dich dem Bibeltext zuwendest, versuche dich an ihn zu erinnern: Du kennst die Geschichte von Jesus, der die Kinder segnet.

Schreibe sie **aus dem Gedächtnis** auf, so wie du sie in Erinnerung hast. Lass dabei jede zweite Zeile frei. Dann wende dich dem Bibeltext zu. Schreibe in die freien Zeilen über deinen Text die »Verbesserungen« nach dem Wortlaut jener Bibelübersetzung, die dir am vertrautesten ist. Was hattest du vergessen, verändert? Frage dich, welche Schlussfolgerungen du daraus ziehen könntest!

> *Und sie brachten Kinder zu ihm, damit er sie anrühre. Die Jünger aber fuhren sie an.*
> *Als es aber Jesus sah, wurde er unwillig und sprach zu ihnen: Lasst die Kinder zu mir kommen und wehret ihnen nicht; denn solchen gehört das Reich Gottes. Wahrlich, ich sage euch: Wer das Reich Gottes nicht empfängt wie ein Kind, der wird nicht hineinkommen.*
> *Und er herzte sie und legte die Hände auf sie und segnete sie.*
> Mk 10,13–16 (Lutherübersetzung)

AUS UNSEREN NOTIZBLÄTTERN

sie *ihm* *anrühre.*

1. Und ~~die Mütter~~ brachten ~~ihre~~ Kinder zu ~~Jesus~~, damit er sie segnete.

fuhren sie an.

2. Die Jünger aber ~~wurden unwillig und wollten es ihnen verwehren.~~

Als es aber Jesus sah, wurde er unwillig und sprach zu ihnen:
3. ~~Da sprach Jesus zu seinen Jüngern:~~

4. »Lasst die Kinder zu mir kommen und wehret ihnen nicht, denn ihnen gehört
Reich Gottes
das ~~Himmelreich~~.«

Wahrlich, ich sage euch: Wer das Reich Gottes nicht empfängt wie ein Kind, der wird nicht hineinkommen.
5. -

6. Und er herzte sie, legte die Hände auf sie und segnete sie.

Schlussfolgerungen

1. Der Bibeltext sagt nicht, wer die Kinder brachte, ich hänge wohl noch in dem alten Rollendenken: Denn in meinem Text sind es eindeutig die Mütter, die die Kinder zu Jesus bringen. Das Possessivpronomen »ihre« verstärkt die enge Mutter-Kind-Bindung.
»Segnen« statt *berühren* – die Menschen, die Kinder zu Jesus brachten, wollten einfach eine körperliche Berührung. Ich habe das »überhöht«: Jesus soll segnen. Meine Fassung ist »frömmer« und weltferner. Sehe ich Jesus zu »abgehoben«? Neige ich dazu, ihm vorzuschreiben, was er genau tun soll? Ist mir die schlichte Berührung zu wenig – es soll schon ein anständiger Segen sein?
2. Ich habe die Reaktion der Jünger viel ausführlicher beschrieben. Neige ich dazu, in Wut einen ganzen Wutschwall loszuwerden? Lasse ich es auch nicht dabei, meinen Unmut zu äußern – *sie fuhren sie an*, heißt es im Bibeltext –, sondern mische mich heftig ein (»sie wollten es ihnen verwehren«)?
3. Die Reaktion Jesu dagegen ist in meiner Fassung kürzer, farbloser, da sind auch keine negativen Gefühle (*unmutig*) – wieder ist es ein Jesus, der fern bleibt, abgehoben. Wie nah, wie »wirklich« ist Jesus für mich?
4. Die sehr bekannten und vertrauten Worte Jesu habe ich nahezu unverändert wiedergegeben. Allerdings ist »Himmelreich« allgemeiner und unpersönlicher als *Reich Gottes*.
5. Die Warnung, die Jesus ausspricht, habe ich »vergessen«. Wie ernst nehme ich ihn? Neige ich dazu, unangenehme Konsequenzen zu verdrängen, die mein Handeln oder Nicht-Handeln haben könnte?
6. Der letzte Satz ist der einzige, der vollkommen wörtlich wiedergegeben wurde. Tief in mir ist wohl diese Zärtlichkeit, Nähe, Liebe, körperliche Zuwendung Jesu angekommen.

Wir begegnen in dieser Geschichte einem Jesus, der einerseits sehr menschlich ist – Unmut spürt und äußert, Zärtlichkeit zeigt –, sich andererseits aber ungewöhnlich verhält: Er hat gerade ein hitziges theologisches Streitgespräch geführt. Da wird er gestört durch Menschen, die Kinder zu ihm bringen. Er zeigt Unmut. Aber sein Unmut richtet sich nicht gegen die Menschen, die ihn unterbrechen, sondern gegen diejenigen, die die Unterbrechung verhindern wollen. Eine segnende Gebärde ist ihm in diesem Augenblick wichtiger als ein theologisches Gespräch. Eine zärtliche Berührung ist es ihm wert, stehen zu bleiben auf dem Weg – und sei er noch so bedeutsam. Es gibt Situationen, in denen Kinder Vorrang haben vor Erwachsenen.

Jesus lehrt, in einer Welt von Tüchtigkeit, von ziel- und zweckgerichtetem Handeln, sich unterbrechen zu lassen und den Blick offen zu halten für das, was sich nicht »auszahlt«. Er lehrt uns, die ewig »Vernünftigen«, die Gescheiten und Effektiven, die Kleinen zu segnen, den Hilflosen Nähe zu schenken, für die Rechtlosen stehen zu bleiben, zärtlich zu sein. Jede zärtliche Geste kann zu einem Segenszeichen werden. Jesus will uns Mut machen, die Tiefe und den Segen in der Sprache unserer Gebärden wieder zu entdecken.

Überlege, welche **Segensgebärden** zu dir passen könnten, für dich stimmig wären. Du wirst für unterschiedliche Menschen ganz unterschiedliche Segensgebärden wählen: Deinen Kindern, bevor sie das Haus verlassen, kannst du die Hand auf den Kopf legen – eine liebevolle, schützende, segnende Gebärde. Du musst dazu nichts aussprechen. Deine demente Mutter küsst du zum Abschied.

Lass dich selber auch immer wieder segnen. Die Geschichte von der Kindersegnung mag dir dabei helfen: Lies die Geschichte noch einmal – aber lies sie nun als dein **»inneres Drama«**. Das alles spielt sich in deinem Inneren ab: In dir ist ein Kind, das sich nach der Berührung durch Jesus sehnt, nach Zärtlichkeit. In dir sind widerstreitende Kräfte: Da sind diejenigen, die das Kind zu Jesus bringen wollen, und da sind die anderen, die erwachsenen, vernünftigen, die sagen: Lass ihn, er hat Wichtigeres zu tun, du störst ... Und in dir ist Jesus, der die abwehrenden Stimmen zum Schweigen bringt und sich ganz dem Kind zuwendet, deinem inneren Kind.

Nimm dir Zeit für eine Meditation, bei der du dein »inneres Kind« zu Jesus bringst. Du kannst dazu auch die Meditation aus unseren Notizblättern nehmen.

Mein inneres Kind

Ich sitze da, nehme mich jetzt hier wahr, schließe die Augen und beginne die Reise nach innen. Tiefer und immer tiefer steige ich hinab, dorthin, wo in meiner Mitte ein heiliger Raum ist. Behutsam und leise betrete ich ihn. Da, tief in mir, begegne ich meinem inneren Kind. Ich nähere mich ihm langsam. Dann beuge ich mich hinab zu ihm und nehme es vorsichtig auf den Arm. Ich spüre Wärme und Liebe.
Nun stelle ich mir vor, dass Jesus auf mich zukommt. In seinem Blick liegt Freundlichkeit, Zuneigung. Er lächelt. Ich halte ihm mein Kind entgegen. Da legt er liebevoll die Hand auf seinen Kopf und streicht sacht darüber. Ich verneige mich vor ihm, dankbar für diese Berührung. Dann bringe ich das Kind an seinen Ort zurück. Ich weiß, es ist geborgen und aufgehoben, es kann ihm nichts geschehen. Es geht ihm gut, denn es ist gesegnet.
Langsam verlasse ich den heiligen Raum in mir, steige wieder nach oben, wende mich der Außenwelt wieder zu.

2. Füreinander sorgen: Geben und nehmen

Dem Freund »zur Last fallen«

Wann hast du zum letzten Mal jemanden um Hilfe gebeten? Wie leicht/wie schwer ist es dir gefallen? Wie viele »Umstände« waren für den anderen damit verbunden? Wie hat er reagiert?

Wie oft bittet man dich um Hilfe? Wer tritt an dich heran mit seinen Bitten? Wie reagierst du in der Regel?

Versetze dich in die beiden folgenden Situationen und überlege, wie du handeln würdest!

1. Einer deiner Freunde klingelt unangemeldet mitten in der Nacht bei dir, weil er auf der Durchreise ist und eine Unterkunft braucht. Er ist müde und hungrig, du hast nichts, was du ihm anbieten könntest, du warst ja ganz und gar nicht auf einen Gast vorbereitet. Was tust du?
2. Dein Freund klingelt um Mitternacht bei dir. Du hast schon geschlafen, deine Familie auch. Er erzählt dir, er habe überraschend Besuch bekommen und habe nichts, was er ihm anbieten könnte. Darum fragt er dich, ob du etwas zu essen im Hause hast, was du ihm geben könntest. Wie reagierst du?

> *Wenn einer unter euch einen Freund hat und um Mitternacht zu ihm geht und sagt: Freund, leih mir drei Brote; denn einer meiner Freunde, der auf Reisen ist, ist zu mir gekommen, und ich habe ihm nichts anzubieten!, wird dann etwa der Mann drinnen antworten: Lass mich in Ruhe, die Tür ist schon verschlossen, und meine Kinder schlafen bei mir; ich kann nicht aufstehen und dir etwas geben? Ich sage euch: Wenn er schon nicht deswegen aufsteht und ihm seine Bitte erfüllt, weil er sein Freund ist, so wird er doch wegen seiner Zudringlichkeit aufstehen und ihm geben, was er braucht.*
> Lk 11,5–8 (Einheitsübersetzung)

Würden wir diese biblische Geschichte wörtlich so nehmen, wie sie da steht, könnten wir doch eine Menge Einwände erheben: Wieso hat sich der Freund, der auf Reisen ist, nicht angemeldet? Würde ich mitten in der Nacht eine ganze Familie wecken, wenn es sich nicht um einen ganz schlimmen Notfall handelt? Ist diese Zudringlichkeit – dieses »unverschämte Drängen«, wie Luther übersetzt – angebracht, nur weil ich um Mitternacht Brot für einen Überraschungsgast brauche?

Versuchen wir also, diese Geschichte nicht wörtlich, sondern als »Bild«-Geschichte zu lesen, sie **symbolisch zu deuten** und die Bilder zu »übersetzen«. Was könnte mit folgenden Wörtern/Ausdrücken gemeint sein? Wie könntest du sie entschlüsseln?

- *um Mitternacht*
- *auf Reisen sein*
- *drei Brote*
- *leihen*
- *zu mir kommen – zu ihm gehen*
- *ich habe nichts anzubieten*
- *er wird aufstehen*

AUS UNSEREN NOTIZBLÄTTERN

- *um Mitternacht:* zur Unzeit – mitten in der »Nacht«, mitten im Dunkel meiner Angst, Verzweiflung, Einsamkeit – in letzter Minute: Es ist »kurz vor zwölf!«
- *auf Reisen:* unbehaust, unbeheimatet, obdachlos, in der Fremde – auf der Suche – (sich) er-fahren
- *drei Brote:* Brot des Lebens, das Lebensnot-wendige, alles, was wir zum Leben brauchen – »unser tägliches Brot gib uns heute« – Dreizahl: Nahrung für Körper, Geist und Seele
- *leihen:* das Geliehene zurückgeben – das Geliehene zurückbekommen – nicht kaufen und nicht schenken
- *zu mir kommen – zu ihm gehen:* Kettenreaktion der Hilfsbereitschaft – Not, die in Bewegung setzt
- *ich habe nichts anzubieten:* helfen, ohne etwas zu haben – erfinderisch werden – Kreativität der Liebe statt Resignation
- *er wird aufstehen:* Zuversicht – retten, erlösen, für mich einstehen, für mich aufstehen

Kannst du daraus etwas ableiten in Bezug auf die Fragen:
1. Wie »aufdringlich« darf man einem Freund gegenüber sein?
2. Wie verhalte ich mich dem aufdringlich bittenden Freund gegenüber?
3. Was bedeutet die Geschichte für meine Gottesbeziehung?

AUS UNSEREN NOTIZBLÄTTERN

1. Wenn ich in Not bin, dringend Hilfe brauche, darf ich mich auch zur Unzeit an einen Freund wenden, darf ihm zur Last fallen, ihn für mich in Anspruch nehmen. Ich darf, ja, muss Hilfe suchen, anklopfen, bitten.
Dabei ist mir bewusst, dass ich ebenso die Hilfe zurückgebe, die er mir gewährt.
Es darf in einer Freundschaft kein Ungleichgewicht herrschen, es darf nicht so sein, dass einer grundsätzlich immer nur der Bittende, der andere der Gebende ist.
2. Auch wenn ich meine, ich habe nichts zu bieten, kann ich helfen – und sei es dadurch, dass ich meinerseits um Hilfe bitte.
3. Wer mitten im Dunkel zu Gott ruft, kann darauf hoffen, »drei Brote« zu bekommen. Vielleicht dauert es eine Zeit, aber »er wird aufstehen«.

Dem Hilflosen helfen

Und es kamen einige zu ihm, die brachten einen Gelähmten, von vieren getragen. Und da sie ihn nicht zu ihm bringen konnten wegen der Menge, deckten sie das Dach auf, wo er war, machten ein Loch und ließen das Bett herunter, auf dem der Gelähmte lag. Als nun Jesus ihren Glauben sah, sprach er zu dem Gelähmten: Mein Sohn, deine Sünden sind dir vergeben. Es saßen da aber einige Schriftgelehrte und dachten in ihren Herzen: Wie redet der so? Er lästert Gott! Wer kann Sünden vergeben als Gott allein? Und Jesus erkannte sogleich in seinem Geist, dass sie so bei sich selbst dachten, und sprach zu ihnen: Was denkt ihr solches in euren Herzen? Was ist leichter, zu dem Gelähmten zu sagen: Dir sind deine Sünden vergeben, oder zu sagen: Steh auf, nimm dein Bett und geh umher? Damit ihr aber

wisst, dass der Menschensohn Vollmacht hat, Sünden zu vergeben auf Erden – sprach er zu dem Gelähmten: Ich sage dir, steh auf, nimm dein Bett und geh heim!
Und er stand auf, nahm sein Bett und ging alsbald hinaus vor aller Augen.
Mk 2,3–12a (Lutherübersetzung)

Die Geschichte erzählt einen gelungenen Weg heraus aus Lähmung und Fremdbestimmtheit hin zu Eigenbewegung und Selbstbestimmung.

Stell dir vor, es ist der Abend dieses Tages. Einige von denen, die heute Zeugen des Geschehens geworden sind, unterhalten sich über das, was sich da ereignet hat. Wenn du willst, kannst du ihnen biblische Namen geben. Schreib ein **fiktives Gespräch** auf und geh dabei ein auf folgende Fragen:

- Wie wirkt das Verhalten der Männer, die den Zugang zu Jesus geradezu erzwingen?
- Was an ihrer Vorgehensweise beeindruckt, was erscheint problematisch?
- Was am Verhalten und an den Worten Jesu ist befremdlich?
- Was fällt an dem Gelähmten auf?

Du kannst auch den Gesprächsvorschlag aus unseren Notizen nehmen und bearbeiten, verändern, ergänzen.

AUS UNSEREN NOTIZBLÄTTERN

Zacharias, Daniel, Hanna, Jakobus und Mirjam unterhalten sich über das, was dem gelähmten Aaron widerfahren ist:
Zacharias: Das war ja unglaublich, was da heute geschehen ist – so etwas hat es noch nie gegeben.
Hanna: Kein Wunder, dass dieser Rabbi solchen Zulauf hat.
Daniel: Ich finde ihn unheimlich.
Jakobus: Was ist an ihm unheimlich?
Daniel: Habt ihr nicht gesehen, wie er die Schriftgelehrten angeschaut hat und dann mit ihnen geredet hat, als hätten sie etwas gesagt? Es schien, als wüsste er, was sie denken.
Zacharias: Und er hat Aarons Freunde angeschaut, als würde er ihnen mitten ins Herz blicken, aber gesprochen hat er nicht zu ihnen, sondern zu Aaron.
Daniel: Noch unheimlicher finde ich, was er zu ihm gesagt hat: Mein Sohn, deine Sünden sind dir vergeben.
Mirjam: Das war nicht unheimlich, das hat mich ganz tief berührt. Ich stand

ziemlich weit vorne und konnte Aarons Gesicht genau sehen. Als seine Freunde ihn brachten, wirkte er völlig apathisch. Er war nicht nur körperlich gelähmt, er war auch seelisch wie erstarrt – willenlos, ohne jede Gemütsregung. Aber als Jesus ihn anredete mit »mein Sohn«, kam auf einmal Leben in ihn, sein Gesicht wurde lebendig, bekam richtig Farbe, seine Augen gewannen Glanz und Ausdruck.

Daniel: Wie enttäuscht muss er gewesen sein, dass Jesus ihn jetzt nicht heilte, sondern sagte: Deine Sünden sind dir vergeben!

Mirjam: Ich habe an ihm nichts von Enttäuschung wahrgenommen. Im Gegenteil. Er begann zu lächeln. Er hob die Hand, als wolle er sich bei Jesus bedanken. Es war fast, als sei er schon geheilt.

Hanna: Und dann hat Jesus sich von ihm abgewendet und angefangen, den Schriftgelehrten Vorhaltungen zu machen, obwohl sie doch gar nichts gesagt hatten!

Jakobus: Er wusste, was sie dachten.

Mirjam: Ich glaube, er spürte auch, dass Aaron jetzt erst einmal Zeit brauchte. Er gab ihm eine Möglichkeit, innerlich für sich allein das zu verarbeiten, was er gerade erfahren hatte.

Zacharias: Und dann sagte er: »Steh auf, nimm dein Bett und geh heim« – einfach so. Und Aaron macht das. Unglaublich.

Mirjam: Auch nicht unglaublicher als die Worte »Mein Sohn, deine Sünden sind dir vergeben« – Heilung der Seele und Heilung des Körpers. Das sind zwei Wunderheilungen.

Jakobus: Welch ein Glück, solche Freunde zu haben. Ohne sie wäre Aaron gelähmt geblieben bis an sein Lebensende.

Hanna: Allerdings war ich anfangs anderer Meinung. Sie haben ihm ihre Hilfe richtig aufgezwungen. Aaron wollte doch nur noch eines: dass man ihn in Ruhe lässt. Muss man solch ein Bedürfnis eines Kranken nicht respektieren?

Zacharias: Aber sie waren so überzeugt davon, dass Jesus ihm helfen kann. Er wäre von alleine nie zu Jesus gekommen.

Hanna: Das ist keine einfache Entscheidung: Wann muss ich die Weigerung eines anderen, Hilfe zu suchen, ernst nehmen und wann muss ich mich über seine Weigerung hinwegsetzen und ihn zu seinem Glück zwingen?

Welche Botschaften kannst du aus dem Gespräch herauslesen? Du kannst für die Beantwortung dieser Frage entweder deinen eigenen Text oder unsere Notizen nehmen.

AUS UNSEREN NOTIZBLÄTTERN

- Setze alles in Bewegung für den, der keine Eigenbewegung mehr hat.
- Heilende Begegnung wächst aus persönlicher Beziehung (»mein Sohn«).
- Zur Heilung des Körpers gehört die Heilung der Seele. Der Heilung des Körpers muss oft eine Heilung der Seele vorausgehen.
- Ein Heilungsprozess braucht auch Pausen.
- Entlass den, der deine Hilfe brauchte, wieder in sein Leben. Das Ziel ist Eigenbewegung, nicht Abhängigkeit.
- Wenn jemand keinen Glauben, keine Hoffnung mehr hat, kann es auch genügen, dass andere für ihn glauben, für ihn hoffen.

3. Mitleiden

Die Trauer teilen

Es lag aber einer krank, Lazarus aus Betanien, dem Dorf Marias und ihrer Schwester Marta. Maria aber war es, die den Herrn mit Salböl gesalbt und seine Füße mit ihrem Haar getrocknet hatte. Deren Bruder Lazarus war krank. Da sandten die Schwestern zu Jesus und ließen ihm sagen: Herr, siehe, der, den du lieb hast, liegt krank (...) Jesus aber hatte Marta lieb und ihre Schwester und Lazarus.
Als er nun hörte, dass er krank war, blieb er noch zwei Tage an dem Ort, wo er war; danach spricht er zu seinen Jüngern: Lasst uns wieder nach Judäa ziehen! Seine Jünger aber sprachen zu ihm: Meister, eben noch wollten die Juden dich steinigen, und du willst wieder dorthin ziehen? (...)
Als Jesus kam, fand er Lazarus schon vier Tage im Grabe liegen (...) Und viele Juden waren zu Marta und Maria gekommen, sie zu trösten wegen ihres Bruders.
Als Marta nun hörte, dass Jesus kommt, geht sie ihm entgegen; Maria aber blieb daheim sitzen. Da sprach Marta zu Jesus: Herr, wärst du hier gewesen, mein Bruder wäre nicht gestorben (...)
Als nun Maria dahin kam, wo Jesus war, und sah ihn, fiel sie ihm zu Füßen und sprach zu ihm: Herr, wärst du hier gewesen, mein Bruder wäre nicht gestorben. Als Jesus sah, wie sie weinte und wie auch die Juden weinten, die mit ihr gekommen waren, ergrimmte er im Geist und wurde sehr betrübt und sprach: Wo habt ihr ihn hingelegt? Sie antworteten ihm: Herr, komm und sieh es! Und Jesus gingen die Augen über. Da sprachen die Juden: Siehe, wie hat er ihn lieb gehabt!
Joh 11,1–36 (Lutherübersetzung)

Fast jeder hat schon die Erfahrung gemacht, wie sprach- und hilflos wir sind angesichts tiefen Leids eines anderen Menschen. Da geht man den trauernden Hinterbliebenen lieber aus dem Weg, da plaudert man von Alltäglichem, um tunlichst das Thema einer unheilbaren Krankheit zu vermeiden, da verfällt man in optimistischen Aktivismus, um die Verzweiflung eines Menschen nicht aushalten zu müssen. Dabei lehrt uns schon Jesus: Es gibt nur eine mögliche Form des Umgangs mit dem Leid anderer – begleitende Teilnahme.

Versuche die **im Text unterstrichenen Passagen** als ein schrittweises Vorgehen bei der Trauerbegleitung zu deuten!

AUS UNSEREN NOTIZBLÄTTERN

Jesus aber hatte Marta lieb und ihre Schwester und Lazarus.
Grundvoraussetzung für ein teilnehmendes, mitleidendes Begleiten ist eine empathische Beziehung. Wer sowohl die Trauernden als auch den Verstorbenen »liebt« und dennoch in gewisser Weise »Außenstehender« ist, kann am besten hineingehen in eine nahe Begleitung.

Er blieb noch zwei Tage an dem Ort, wo er war.
Nicht immer ist es ratsam, sofort herbeizueilen, um zu trösten und zu helfen. Gib dem anderen Raum, seinen privaten Raum. Lass ihm Zeit, alleine zu trauern und zu weinen.

Lasst uns ziehen.
Dann aber mach dich auf, auch wenn es mit Mühen verbunden ist, auch wenn es unangenehm oder »gefährlich« ist, auch wenn andere dir einreden wollen, du müsstest da nicht hin.

Wärest du hier gewesen, mein Bruder wäre nicht gestorben.
Vielleicht musst du dir Vorwürfe anhören, Schuldzuweisungen. Vielleicht wirst du mit Ärger und Wut konfrontiert. Hör dir das an. Halte es aus. Sei nicht ungehalten, gekränkt, enttäuscht. Beurteile und werte nicht. Lass das, was gesagt wird, einfach so stehen.

Er ergrimmte im Geist.
Mag sein, dass auch du Wut verspürst – Wut über das, was geschehen ist, Wut über das Traurige, die Trauer und möglicherweise sogar die Trauernden. Nimm die Wut bei dir und in dir wahr, du musst sie nicht unbedingt äußern.

Jesus wurde sehr betrübt und ihm gingen die Augen über.
Auf die Wut folgt Trauer. Behalte diese nicht für dich. Zeige sie. Zeig deine Tränen.
Erst nach einer Zeit des Weinens kannst du – wohl mit anderen zusammen – versuchen, langsam »den Stein wegzuheben«, der vor der Grabhöhle liegt.

Letzter Wille

Schlägt man im Lexikon die wörtliche Bedeutung von »Testament« nach, so stößt man auf zwei Erklärungen, eine juristische und eine biblische. Die juristische nennt ein Testament eine »rechtsverbindliche Verfügung von Todes wegen«, die biblische einen »von Gott verfügten Bund«. Eine »rechtsverbindliche Verfügung von Todes wegen« stellt oft ein schweres Erbe dar, nämlich dann, wenn der Sterbende über seinen Tod hinaus das Leben der Hinterbliebenen bestimmt.
Lies folgende testamentarische Verfügungen:
»Versprich mir, dass du den Hof nicht verkaufst.«
»Schwöre mir, dass du deinen behinderten Bruder nie in ein Heim gibst.«
»Ich möchte, dass du diesen Mann (nicht) heiratest.«
»Nimm die Mutter zu dir.«

Wie wirken diese letzten Willensäußerungen auf dich? Welche Gefühle lösen sie aus? Halte deine Reaktionen in einem **Tagebucheintrag** schriftlich fest.

AUS UNSEREN NOTIZBLÄTTERN

Mich macht das wütend und zornig!
Ich finde das erpresserisch!
Das sind unerlaubte Übergriffe auf ein Leben!
Hier wird jemand entmündigt!
Es ist anmaßend, über das Leben eines anderen zu bestimmen!
Hier spielt ein Sterbender seine Macht aus!
Das ist unfair!

Jetzt lies das Testament Jesu für seine Mutter und seinen Lieblingsjünger:

> *Es standen aber bei dem Kreuz Jesu seine Mutter und seiner Mutter Schwester, Maria, die Frau des Klopas, und Maria von Magdala. Als nun Jesus seine Mutter sah und bei ihr den Jünger, den er lieb hatte, spricht er zu seiner Mutter: Frau, siehe, das ist dein Sohn! Danach spricht er zu dem Jünger:*

Siehe, das ist deine Mutter! Und von der Stunde an nahm sie der Jünger zu sich.

Joh 19,25–27 (Lutherübersetzung)

Wie wirken nach den Vorüberlegungen Jesu Worte auf dich? Mach dir auch dazu Notizen.

AUS UNSEREN NOTIZBLÄTTERN

Ich bin ratlos.
Es ist doch nicht möglich, dass die Sätze, die ich oben geschrieben habe, auf Jesus zutreffen, und doch tut er genau das, was die Menschen in jenen Beispielen auch getan haben: Über das Leben eines geliebten Menschen verfügen, wenn man selbst nicht mehr am Leben ist.
Ich habe Jesus nie übergriffig erlebt. Immer wurde mir in dieser Geschichte ein Jesus gezeigt, der noch in seiner Todesstunde sich liebevoll und fürsorglich seiner Mutter zuwendet. Auf einmal klingt es ganz anders. Ich bin völlig verwirrt.
Gibt es nicht eine schlüssige Erklärung, die zu meinem Bild von Jesus passt?

Halte dir noch einmal die biblische Definition von »Testament« vor Augen: »von Gott verfügter Bund«. Welche neue Bedeutung gewinnt nun Jesu Letzter Wille vor diesem Hintergrund?

AUS UNSEREN NOTIZBLÄTTERN

Wenn ich wirklich glaube, dass Jesus Gott ist, dann sehe ich diese Verfügung anders. Hier ist kein Mensch, der über das Leben anderer bestimmt, sondern hier ist Gott am Werk. Ihm allein steht es zu, mir nach einem Sterben von Lebensentwürfen einen neuen Lebensentwurf zu präsentieren.
Die Geschichte zeigt, dass Menschen zwar Trauer teilen, mitzuleiden vermögen, in der dunkelsten Stunde da sind und Beistand leisten können wie Johannes und die Frauen neben Maria. Mehr allerdings können Menschen nicht. Aber Gott kann mehr.

4. Loslassen

Vergangenes abstreifen

Und er sprach zu einem andern: Folge mir nach! Der sprach aber: Herr, erlaube mir, dass ich zuvor hingehe und meinen Vater begrabe. Aber Jesus sprach zu ihm: Lass die Toten ihre Toten begraben; du aber geh hin und verkündige das Reich Gottes!
Lk 9,59–60 (Lutherübersetzung)

Diese Geschichte klingt radikal: ein kompromissloser, pietätloser, ja, herzloser Jesus! Aber es ist eine Geschichte voller Leben und Zukunft. Es gibt zwei grundsätzlich verschiedene Haltungen zur eigenen Lebenszeit: Manche Menschen hängen mehr am Vergangenen – sie lieben Klassentreffen, suchen Orte der Kindheit auf, beschäftigen sich mit ihrem Stammbaum. Andere blicken lieber in die Zukunft – lieben es, neue Bekanntschaften zu knüpfen, probieren Neues aus, denken an kommende Generationen. In dieser Geschichte stehen die beiden Haltungen nicht wertfrei nebeneinander, sondern Jesus verurteilt es, wenn Menschen am Vergangenen, Gestorbenen, Toten hängen bleiben, rückwärtsgewandt leben und sich mit dem Eingraben beschäftigen. Ihm ist es wichtig, dass man Neues wagt, nach vorne schaut, sich mit dem »Verkündigen« beschäftigt, was immer das im je eigenen Fall bedeuten mag.

Schau dein Leben an und die Art, wie du deine Tage verbringst. Dann versuche, Beispiele zu finden, die in die beiden folgenden Spalten mit **Gegensatzpaaren** passen:

»hingehen« im Sinne von »zurückgehen«, »zurückschauen«	nachfolgen, im Sinne von voranschreiten, Neues wagen, nach vorne schauen
begraben, nachtrauern, am Vergangenen, »Verstorbenen«, festhalten	verkündigen, in Kontakt gehen, Zukunft gestalten
sich mit Totem, Erstarrtem, Gewesenem, Zerbrochenem befassen	auf das Reich Gottes, Leben, Glück, Entfaltung zugehen

Welche der beiden Spalten ließ sich leichter füllen? Wenn du merkst, dass es Totes, Vergangenes gibt, das du nicht loslassen kannst – eine Schuld, eine Kränkung, eine Trauer –, dann versuch es mit einem Ritual. Mach einen Ausflug zu einem See, am besten allein. Lass es dir dabei richtig gut gehen, genieße die Freiheit, die Natur. Iss und trink, was dir besonders gut schmeckt. Achte darauf, was dir gerade guttut: dich an einem Ruheplatz ausstrecken oder kräftig ausschreiten ... Dann such dir ein paar Steine. Schreibe das, was dich belastet, darauf. Lass dir Zeit, deine Gefühle wahrzunehmen. Dann schleudere die Steine weit in den See. Atme ein paarmal tief aus und ein. Dabei kannst du innerlich sprechen: »Ich lasse los!« »Ich gebe es ab.« Oder, als Gebet formuliert: » Ich gebe das ab an dich!« Setze deinen Weg fort und sage: »Ich gehe jetzt in die Zukunft. Ich schaue nach vorn. Ich habe Lust auf Neues.«

Aufbruch in ein neues Leben

Und es begab sich danach, dass er in eine Stadt mit Namen Nain ging; und seine Jünger gingen mit ihm und eine große Menge. Als er aber nahe an das Stadttor kam, siehe, da trug man einen Toten heraus, der der einzige Sohn seiner Mutter war, und sie war eine Witwe; und eine große Menge aus der Stadt ging mit ihr. Und als sie der Herr sah, jammerte sie ihn, und er sprach zu ihr: Weine nicht! Und trat hinzu und berührte den Sarg, und die Träger blieben stehen. Und er sprach: Jüngling, ich sage dir, steh auf! Und der Tote richtete sich auf und fing an zu reden, und Jesus gab ihn seiner Mutter.
Lk 7,11–15 (Lutherübersetzung)

Jesus rief mit lauter Stimme: Lazarus, komm heraus! Und der Verstorbene kam heraus, gebunden mit Grabtüchern an Füßen und Händen, und sein Gesicht war verhüllt mit einem Schweißtuch. Jesus spricht zu ihnen: Löst die Binden und lasst ihn gehen!
Joh 11,43–44 (Lutherübersetzung)

Du kannst dir diese beiden Auferstehungsgeschichten durch eine Einfühlungsübung aneignen: Fühle dich körperlich ein in die Gestalten der beiden Geschichten, den Jüngling von Nain und Lazarus. Die Vorstellung mag ungewohnt sein, da es sich zunächst um Verstorbene handelt. Versuche es trotzdem mit folgender **Auferstehungsmeditation**.

a) Was spürst du, bevor Jesus dich auferweckt? Wo kommst du her? Wo bist du jetzt und wie ist deine Körperhaltung? Wie fühlt sich das an?
b) Wie geht die Auferweckung vor sich? Was tut Jesus? Wie spürst du das körperlich?
c) Drücke durch deine Körperhaltung oder in einer Bewegung aus, wie dein Leben weitergeht!
Wenn du die Ergebnisse der Übung schriftlich festhalten willst, mach am besten zwei Spalten, in denen du die Erfahrungen mit dem Jüngling von Nain und mit Lazarus einander gegenüberstellst.

Du kannst auch die Vorschläge aus unseren Notizblättern langsam, Satz für Satz lesen, und versuchen, das, was du liest, körperlich nachzuempfinden in einer Art **geleiteter Meditation**.

AUS UNSEREN NOTIZBLÄTTERN

Der Jüngling von Nain	Lazarus
a) Ich liege da, ich fühle mich entspannt, schwer, lasse mich immer tiefer hinabsinken. Alle Verantwortung ist von mir abgefallen, ich muss gar nichts tun. Niemand erwartet etwas von mir. Die Ansprüche an mich, den einzigen Sohn meiner verwitweten Mutter, waren immer sehr hoch. Ich habe schon in jungen Jahren schwer getragen an meinen Pflichten. Jetzt werde ich getragen. Das tut gut. Ich fühle mich wohl.	Ich befinde mich in einem Felsengrab. Es ist dunkel und eng, ich habe keine Luft. Ich bin eingewickelt in Binden, Füße und Hände fühlen sich an, als sei ich gefesselt. Es ist unangenehm und beklemmend. Auf meinem Gesicht liegt ein Schweißtuch, kein Lufthauch kann es berühren. Ich fühle jetzt körperlich das, was ich vorher in der umklammernden Liebe meiner Schwestern seelisch gespürt habe: festgehalten zu werden, keine Eigenbewegung zu haben, schier nicht atmen zu können.

b) Plötzlich verändert sich etwas. Obwohl niemand mich berührt, fühle ich mich berührt – nicht an einer bestimmten Stelle meines Körpers, sondern ganz und gar. Kraft durchströmt mich, es ist, als fließe ein starker Lebensstrom durch meinen Leib. Ich höre eine Stimme: »Jüngling, ich sage dir, steh auf.« Mein Körper strafft sich, meine Muskeln spannen sich an, ich richte mich auf. Ich spüre wieder, dass ich jung bin und stark. Ich spüre, dass dies eine Art von Stärke ist, die ich vorher nicht hatte – Ich-Stärke, die sich auch in körperlicher Kraft zeigt und im selbstverantworteten Reden. Dies ist ein neues, mir noch nicht vertrautes Gefühl. Ich weiß nicht, was zu tun ist, wie es jetzt weitergeht. Da werde ich ergriffen und meiner Mutter gegeben.	Da höre ich, wie von ferne, meinen Namen rufen. Die Stimme meines Freundes Jesus ist es, die ruft »Lazarus, komm heraus!« Ich kann nichts sehen, ich kann mich kaum bewegen. Und doch mache ich tastend kleine mühsame Schritte aus dem Grab heraus. Ich spüre mehr Helligkeit. Ich spüre mehr Luft. Ich spüre die Erde unter den Füßen. Aber ich weiß auch: Ohne Hilfe werde ich die Fesseln, die mich einengen, nicht los, kann ich mich nicht entwickeln, nicht herauswickeln aus den festen Binden, mit denen ich gebunden bin. Da höre ich noch einmal Jesu Stimme: »Löst ihm die Binden und lasst ihn gehen!« Dann merke ich, wie eine Binde nach der anderen gelöst wird, wie meine Muskeln sich bewegen, wie ich die Arme strecken und dehnen kann, wie der Rücken sich strafft, wie ich die ersten Schritte tue, die immer freier werden.
c) Ich stehe vor meiner Mutter, gerade und hoch aufgerichtet. Ich habe einen guten festen Stand, stehe mit beiden Beinen auf der Erde. Ich habe Boden unter den Füßen. Ich fühle mich tatkräftig und stark. Mit den Armen mache ich eine einladende und zugleich schützende Geste zu ihr hin.	Ich schreite mit kräftigen weiten Schritten aus. Dabei atme ich langsam und tief ein und aus. Mit jedem Atemzug befreie ich mich mehr aus der Enge meiner familiären Beziehungen. Mein Kopf ist erhoben, der Rücken gerade. Der Blick ist in die Ferne gerichtet.

Ein Vergleich der beiden Geschichten zeigt: Das Leben nach der Auferstehung kann sehr unterschiedlich aussehen. Der Jüngling von Nain kehrt – wenn auch als Veränderter – in sein altes Leben, seine alten Bindungen zurück. Lazarus wird von Jesus in ein neues Leben, frei von alten Bindungen, geschickt.

Für uns stellt sich freilich die Frage: Wann ist was »dran«? Wann heißt Aufbruch Rückkehr, wann Abkehr, wann Hinwenden und wann Abwenden? Dazu ist es wichtig, zwei Aspekte ehrlich zu bedenken:

1. Was ist meine Motivation?
2. Was bedeutet meine Entscheidung für die anderen?

Kehre ich in eine Beziehung oder eine Situation zurück, weil es bequemer ist, weil es mir die Sache einfacher macht, weil ich Angst habe vor der Veränderung, vor den Konsequenzen? Oder kehre ich zurück, weil ich wirklich Lust habe, es noch einmal ganz neu zu versuchen? Bedeutet Rückkehr Stagnation oder Weiterentwicklung? Ist mein Aufbruch eine Flucht, ein Davonlaufen vor der Verantwortung oder ist er notwendig, damit ich leben kann und andere zu einem neuen Leben finden? Ist mein Aufbruch Selbstverwirklichung ohne Rücksicht auf die anderen oder versuche ich beim Aufbruch auch die Bedürfnisse der anderen im Auge zu haben? Ist mein Aufbruch reine Abenteuerlust oder ist er die Erkenntnis: Nur so kann ich mich ent-wickeln, nur so können auch andere sich ent-falten?

Wer vor einer wichtigen Entscheidung steht und zwei Alternativen hat, versuche eine Lösung zu finden mithilfe folgender **Entscheidungsfantasie**: Nimm die beiden Möglichkeiten mit in die Stille, bringe sie vor Gott. Stell dir zunächst vor, du hättest dich für die erste Möglichkeit entschieden. Stell dir genau vor, welche Gefühle durch diese Entscheidung in dir aufsteigen. Fühle, wie es dir geht, wenn du dich so entschieden hast.

Dann stell dir vor, du hättest dich für die andere Möglichkeit entschieden. Spüre, welche Gefühle diese Entscheidung in dir auslöst. Lasse dich auf diese Gefühle ein. Wähle schließlich die Alternative, bei der es dir wohler ist.

Wenn das noch keine Klarheit bringt, dann lebe zwei Wochen lang in dem Bewusstsein, du hättest dich für die erste Lösung entschieden, danach zwei Wochen lang, als ob du den anderen Weg gewählt hättest.

Wohin dein Herz dich mehr zieht, dahin gehe.

6
ÄNGSTE:
LUST AUF LEBEN

1. Leben mit Zukunftssorgen und der Angst, nicht zu genügen

Take care – don't worry

> *Sorgt nicht um euer Leben (...) Seht die Vögel unter dem Himmel an: sie säen nicht, sie ernten nicht, sie sammeln nicht in die Scheunen; und euer himmlischer Vater ernährt sie doch. Seid ihr denn nicht viel mehr als sie? (...) Darum sorgt nicht für morgen, denn der morgige Tag wird für das Seine sorgen. Es ist genug, dass jeder Tag seine eigene Plage hat.*
> Mt 6,25–34 (Lutherübersetzung)

Eine Meise kommt ganz nah an mein Terrassenfenster. Über einem Gartenstuhl hängt eine alte Wolldecke. Die Meise pickt, hackt und zerrt, endlich hat sie einen Faden aus der Wolldecke herausgezogen, dann noch einen und noch einen. Mit ihrer Beute im Schnabel verschwindet sie in den Zweigen eines Baumes. »Sorgt nicht«, fällt mir ein, »seht die Vögel unter dem Himmel ...«

Wer die Vögel wirklich sieht und beobachtet, erkennt, dass sie sehr wohl gut für sich und ihre Jungen sorgen. Sie bauen Nester an Stellen, die sicher vor der Katze sind, aber sie bauen nicht mehr als ein Nest. Sie suchen Futter, aber sie legen keine Vorräte an. Sie lehren ihre Jungen das Fliegen, aber sie überwachen nicht jeden Aus-flug, den sie dann machen. Sie sorgen gut vor, aber sie machen sich keine Sorgen. Auf diesen Unterschied kommt es an. Die englische Sprache unterscheidet klar zwischen »sich Sorgen machen um« *(worry)* und »sorgen für« *(take care of)*. Das alte Kirchenlied »Wer nur den lieben Gott lässt walten« drückt das so aus:

Was helfen uns die schweren Sorgen,
was hilft uns unser Weh und Ach?
Was hilft es, dass wir alle Morgen
beseufzen unser Ungemach?
Wir machen unser Kreuz und Leid
nur größer durch die Traurigkeit.

- Zeichne einen **Sorgenbaum** mit Stamm und vielen Ästen. Die Äste beschriftest du mit allen Sorgen, die dir in den Sinn kommen. Formuliere die Sorgen konkret und in Form einer Frage, also nicht: »Sorge um die Kinder«, sondern: »Wird meine Tochter einen guten Partner finden?« »Wird sie einen Beruf finden, der sie ausfüllt?« »Werde ich einen guten Kontakt zu ihr behalten?«
- Male die Äste deines Sorgenbaumes mit zwei verschiedenen Farben an, entsprechend der unterschiedlichen Art von Sorge: Die einen Äste entsprechen mehr dem *worry*, dem »sich Sorgen machen um«, die anderen Äste passen eher zu *take care of*, das heißt »gut sorgen für«.

Wie lassen sich Sorgen eindämmen, die unnötig und fruchtlos sind, mich nur Kraft und Lebensfreude kosten?

1. Es gibt Sorgen, die sich auf etwas beziehen, das unverfügbar ist, das ich nicht in der Hand habe. Sie lassen sich begrenzen, wenn man sich an ähnliche sorgenvolle Situationen aus dem eigenen Leben erinnert und daran, wie man aus diesen Situationen herausgeführt wurde. »Das Geheimnis der Erlösung heißt Erinnerung«, sagt eine jüdische Weisheit. Du kannst dir sogar ein **Erinnerungsschatzkästchen** anlegen. Dahinein legst du Symbole, Erinnerungsstücke oder eine »Erlösungsgeschichte«, die du aufgeschrieben hast. Wenn Sorgen dich bedrängen, kannst du deine Erinnerungsschätze ansehen und dich von ihnen trösten lassen.

Eine Variante für die Arbeit mit Gruppen: Jeder schreibt eine Erlösungsgeschichte auf, steckt sie in einen Briefumschlag, adressiert diesen an sich selbst und lässt ihn bei der Leitung zurück. Nach einigen Wochen oder Monaten bekommt er/sie ihn zugeschickt.

2. Es gibt Sorgen, die heute noch nicht relevant sind. Sie haben den Charakter einer »morgigen Plage«. Im Englischen gibt es das Sprichwort: *Don't cross a bridge before you reach it.* Das meint Jesus mit den Worten: »Es ist genug, dass jeder Tag seine eigene Plage hat.« Suche aus deinem Sorgenbaum die Sorgen heraus, die unter diese Kategorie fallen. Streiche sie bewusst durch!

Gefordert, nicht überfordert

Denn es ist wie mit einem Menschen, der außer Landes ging: er rief seine Knechte und vertraute ihnen sein Vermögen an; dem einen gab er fünf Zentner Silber, dem andern zwei, dem dritten einen, jedem nach seiner Tüchtigkeit, und zog fort. Sogleich ging der hin, der fünf Zentner empfangen hatte, und handelte mit ihnen und gewann weitere fünf dazu. Ebenso gewann der, der zwei Zentner empfangen hatte, zwei weitere dazu. Der aber einen empfangen hatte, ging hin, grub ein Loch in die Erde und verbarg das Geld seines Herrn.
Nach langer Zeit kam der Herr dieser Knechte und forderte Rechenschaft von ihnen. Da trat herzu, der fünf Zentner empfangen hatte, und legte weitere fünf Zentner dazu und sprach: Herr, du hast mir fünf Zentner anvertraut; siehe da, ich habe damit weitere fünf Zentner gewonnen. Da sprach sein Herr zu ihm: Recht so, du tüchtiger und treuer Knecht, du bist über wenigem treu gewesen, ich will dich über viel setzen; geh hinein zu deines Herrn Freude!
Da trat auch herzu, der zwei Zentner empfangen hatte, und sprach: Herr, du hast mir zwei Zentner anvertraut; siehe da, ich habe damit zwei weitere gewonnen. Sein Herr sprach zu ihm: Recht so, du tüchtiger und treuer Knecht, du bist über wenigem treu gewesen, ich will dich über viel setzen; geh hinein zu deines Herrn Freude! Da trat auch herzu, der einen Zentner empfangen hatte, und sprach: Herr, ich wusste, dass du ein harter Mann bist: du erntest, wo du nicht gesät hast, und sammelst ein, wo du nicht ausgestreut hast; und ich fürchtete mich, ging hin und verbarg deinen Zentner in der Erde. Siehe, da hast du das Deine. Sein Herr aber antwortete und sprach zu ihm: Du böser und fauler Knecht! Wusstest du, dass ich ernte, wo ich nicht gesät habe, und einsammle, wo ich nicht ausgestreut habe? Dann hättest du mein Geld zu den Wechslern bringen sollen, und wenn ich gekommen wäre, hätte ich das Meine wiederbekommen mit Zinsen.

Darum nehmt ihm den Zentner ab und gebt ihn dem, der zehn Zentner hat. Denn wer da hat, dem wird gegeben werden, und er wird die Fülle haben; wer aber nicht hat, dem wird auch, was er hat, genommen werden. Und den unnützen Knecht werft in die Finsternis hinaus; da wird sein Heulen und Zähneklappern.

Mt 25,14–30 (Lutherübersetzung)

Bei dem Gleichnis Jesu handelt es sich weniger um eine Drohgeschichte als vielmehr eine Ermutigungsgeschichte. Wozu ermutigt die Erfahrung, die der dritte Knecht macht? Eine Hilfe bei der Beantwortung dieser Frage kann folgende chassidische Legende sein:

Vor seinem Ende sprach Rabbi Sussja: In der kommenden Welt wird man nicht fragen: Warum bist du nicht Mose gewesen? Die Frage wird lauten: Warum bist du nicht Sussja gewesen?

Es kommt nicht darauf an, wie viel ich, absolut gesehen, leiste, sondern wie viel ich in Relation zu meinen Gaben leiste. Der Knecht, der nur einen Zentner erhalten hat, muss nicht zehn oder auch nur vier Zentner erwirtschaften wie seine Mitknechte. Es hätte genügt, wenn er, entsprechend seiner Gabe, den einen Zentner verdoppelt hätte, er hätte dieselbe Belohnung bekommen wie die anderen. Sussja muss nicht wie Mose ein ganzes Volk in die Freiheit führen. Du musst nicht mehr tun, als deinen Fähigkeiten entspricht. Das aber tu!

Persönliche Wertschätzungsübung

Wer fünf Zentner mitbekommen hat, hat meist keine Schwierigkeit, an seinen Wert zu glauben. Als Überflieger, Hochbegabter, stets Erfolgreicher hat er keine Konkurrenz. Beim Vergleich mit anderen sieht er sich immer als den Besten. Was aber ist mit uns, den Ein-Zentner-Leuten? Warum müssen wir stets auf die Besseren schielen, dabei blind werden für unseren eigenen Wert und schließlich unseren Zentner vergraben, anstatt ihn zu vermehren? Die folgende Übung hilft dir, deinen eigenen Wert zu erkennen:

- Stell dir einen Kreis von Menschen vor, die dich kennen und schätzen. Du stehst in ihrer Mitte. Nacheinander äußern sie, welche Stärken, Fähigkeiten, Begabungen sie bei dir wahrnehmen.
- Am besten hältst du das schriftlich fest. Zeichne für jede Person einen Kreis, in dessen Mitte du den Namen schreibst. In einer angefügten

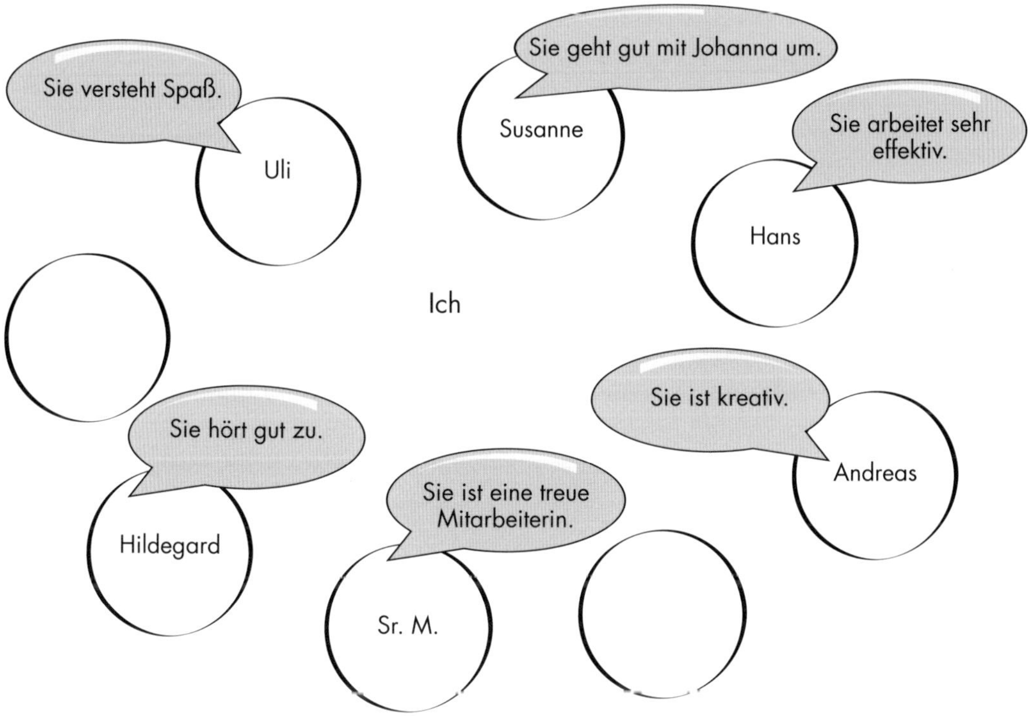

Sprechblase stehen die Wertschätzungen, die die einzelnen Personen dir geben. Gestalte ein **Sympathieschaubild**!

- Betrachte die Aussagen der einzelnen Personen. Überlege, ob es Talente gibt, die du noch weiterentfalten könntest! Frage dich auch, ob es Talente gibt, die noch brachliegen, die noch niemand gesehen hat.

Wertschätzungsübungen für Gruppen

- Besonders für eine Vorstellungsrunde geeignet: Alle sitzen im Stuhlkreis. Teilnehmer/in A stellt sich hinter den eigenen Stuhl und verkörpert nun eine ihm/ihr nahestehende Person. Diese stellt aus ihrer Perspektive A mit seinen/ihren Vorzügen und Fähigkeiten vor, etwa: »Ich bin die Schwester von Frau A, die hier vor mir auf dem Stuhl sitzt. Die erste Erinnerung, die ich an sie habe, ist, dass sie mir ihr rotes Halstuch geschenkt hat. So war sie immer. Sie ist sehr großzügig ...«
- Eine Abschlussübung für eine Gruppe, die mehrere Tage zusammen verbracht hat, ist das **Sympathiebad**. In der Mitte des Raumes befindet

sich ein Stuhl. Teilnehmer/in A nimmt darauf Platz. Die übrigen Teilnehmer/innen treten einzeln nacheinander heran. Sie verkörpern jeweils eine Eigenschaft, die sie an A wahrgenommen haben, beispielsweise:
Ich bin dein ansteckendes Lachen.
Ich bin deine Fähigkeit zuzuhören.
Ich bin deine Lust am Spielen ...

Das wird so lange fortgesetzt, bis alle Teilnehmer/innen um A herumstehen. Dann löst sich der Kreis auf und B ist an der Reihe.

- Eine Variante dieser Übung: Für alle Teilnehmer/innen liegen am Morgen des letzten gemeinsamen Tages je ein mit dem Namen beschrifteter Briefumschlag bereit, in den die anderen **»Positivbotschaften«** stecken: »Mir gefällt an dir ...«, »Ich schätze an dir ...«, »Du kannst gut ...«, »Ich mag an dir ...«, »An dir tut mir gut, dass ...«

Übers Wasser gehen

Und alsbald trieb Jesus seine Jünger, in das Schiff zu steigen und vor ihm hinüberzufahren, bis er das Volk gehen ließe. Und als er das Volk hatte gehen lassen, stieg er allein auf einen Berg, um zu beten. Und am Abend war er dort allein. Und das Boot war schon weit vom Land entfernt und kam in Not durch die Wellen; denn der Wind stand ihm entgegen.
Aber in der vierten Nachtwache kam Jesus zu ihnen und ging auf dem See. Und als ihn die Jünger sahen auf dem See gehen, erschraken sie und riefen: Es ist ein Gespenst! und schrien vor Furcht. Aber sogleich redete Jesus mit ihnen und sprach: Seid getrost, ich bin's; fürchtet euch nicht!
Petrus aber antwortete ihm und sprach: Herr, bist du es, so befiehl mir, zu dir zu kommen auf dem Wasser. Und er sprach: Komm her! Und Petrus stieg aus dem Boot und ging auf dem Wasser und kam auf Jesus zu. Als er aber den starken Wind sah, erschrak er und begann zu sinken und schrie: Herr, hilf mir! Jesus aber streckte sogleich die Hand aus und ergriff ihn und sprach zu ihm: Du Kleingläubiger, warum hast du gezweifelt?
Und sie traten in das Boot, und der Wind legte sich. Die aber im Boot waren, fielen vor ihm nieder und sprachen: Du bist wahrhaftig Gottes Sohn!
Mt 14,22–33 (Lutherübersetzung)

Das Gefühl, dass die Wellen über mir zusammenschlagen und ich untergehe, gibt es in ganz unterschiedlichen Lebenssituationen – da wird ein Konflikt unerträglich oder die Arbeit scheint nicht mehr zu bewältigen zu sein oder es ist eine existenzielle Not entstanden oder eine große Sorge erdrückt uns. Der sinkende Petrus ist ein Bild für solch eine bedrängende Situation. Es ist hilfreich, sich in diese Geschichte einzufühlen, indem man gleichsam einen Schritt zurücktritt und von außen auf die Geschichte blickt, aus einer Distanz heraus genau hinschaut: Was geschieht hier? Ich betrachte eine Szene gewissermaßen von oben und entdecke unter Umständen Dinge, die mir beim bloßen Lesen entgangen wären.

Besonders anschaulich im wahrsten Sinn des Wortes wird eine Geschichte, wenn ich die Szene mit Materialien vor mir aufbaue. Dazu eignen sich Tücher in unterschiedlichen Farben oder verschiedene Steine oder auch eine Ansammlung unterschiedlicher **Naturmaterialien** (Wurzeln, Zapfen, Baumrinden, Holzstöcke, Blätter, Moos ...). Schon das Zusammensuchen, also die notwendige Vorstufe meines kreativen Schaffens, kann mit Lust geschehen und mich so der Geschichte näherbringen.

Für die kreative Gestaltung dieser Geschichte suchst du dir zunächst mehrere Steine unterschiedlicher Größe. Du brauchst Jesus, Petrus und die anderen Jünger, das Volk. Die Geschichte besteht aus sieben Szenen:

1. Jesus entlässt das Volk, während die Jünger in ein Schiff steigen.
2. Die Jünger sind im Schiff, Jesus ist alleine auf einem Berg.
3. Jesus kommt im Sturm auf dem Wasser zu den Jüngern.
4. Petrus kommt auf dem Wasser auf Jesus zu.
5. Petrus sinkt.
6. Jesus ergreift Petrus.
7. Die Jünger werfen sich vor Jesus nieder.

Lege nacheinander die einzelnen Szenen. Betrachte jeweils das Bild, das entstanden ist, und achte genau darauf, was du siehst. Halte es schriftlich fest.

1. Szene: Mit Steinen stelle ich die Jünger auf, Jesus, das Volk.

Was sehe ich?
Unwillkürlich habe ich für die Jünger größere Steine gewählt als für das Volk. Sie liegen eng beieinander, während die kleinen Steine ziemlich verstreut sind. Die Zugehörigkeit zu Jesus scheint größer und stärker zu machen und Menschen eng miteinander zu verbinden. Nur schnell einmal hinlaufen, schauen, horchen und auch wieder weggehen – das bleibt un-verbindlich.
Um Jesus herum ist Raum, Luft. Er, der so sehr die Nähe der Menschen sucht, dass es kaum eine Heilungsgeschichte ohne körperliche Berührung gibt, kann auch auf Distanz gehen, sich seinen Freiraum nehmen: Er »trieb« seine Jünger, in das Boot zu steigen, ... »bis er das Volk gehen ließe«, d.h. er drängt darauf, nach vorne und nach hinten den Abstand zu vergrößern.

2. Szene: Das Volk ist gegangen, Jesus steigt allein auf einen Berg, um zu beten.
Was sehe ich?

Die Jünger wirken verlassen – ein Häufchen Elend. Sie können Jesus nicht mehr sehen. Ich kann mir vorstellen, wie ihnen erst zumute sein wird, wenn in dieser Situation auch noch eine äußere Bedrohung dazukommt – Wind und Wellen. Sie müssen sich völlig ausgeliefert vorkommen!
Jesus wirkt stark, gesammelt, allein, aber nicht einsam. Von ihm geht Ruhe aus. Und ich habe den Eindruck, als könne er die Jünger da unten sehr wohl sehen.

3. Szene: Jesus kommt im Sturm auf dem Wasser zu ihnen.

Was sehe ich?
Der Sturm, die Angst, das Alleinsein weit weg vom Ufer und von Jesus – das alles hat die Jünger den Kontakt zueinander verlieren lassen. Sie sind durcheinander, jeder scheint nur noch auf sich selbst gestellt und damit hilflos zu sein. Sie hängen in der Luft.
Die Haltung Jesu ist unverändert – stark, ruhig, aufrecht. Und: Er lässt sich wieder sehen, ist auf gleicher Höhe mit den verängstigten Jüngern und ist ihnen wieder näher gekommen. Nun muss und wird sich etwas an ihrer Situation verändern.
Ein Jünger – Petrus – ist weiter vorne als die anderen, Jesus schon zugeneigt. Jesus hat Anziehungskraft.

4. Szene: Petrus kommt auf dem Wasser auf Jesus zu.

Was sehe ich?
Petrus hat eine neue »Haltung«. Er kehrt dem, was war, den Rücken zu und ist ganz ausgerichtet auf Jesus. Im Blickkontakt mit ihm ist er ein aufrechter Mensch.
Die zurückbleibenden Jünger sind wieder näher zusammengerückt.

5. Szene: Petrus sinkt.

Was sehe ich?
Petrus hat vollkommen jeden Kontakt verloren. Er ist nicht mehr bei den anderen Jüngern, aber auch nicht mehr in Beziehung zu Jesus. Was er in seiner Not und Gottverlassenheit nicht sehen kann: Jesus bleibt ihm zugewendet.

6. Szene: Jesus ergreift Petrus.

Was sehe ich?
Zwischen Jesus und Petrus gibt es kaum einen Abstand mehr. Petrus ist wieder halb aufgerichtet, wirkt aber so, als könne er alleine nicht hochkommen. Er merkt, dass er Jesus braucht.

7. Szene: Die Jünger fallen vor Jesus nieder.

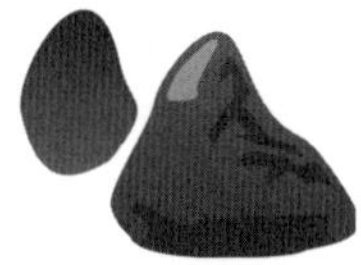

Was sehe ich?
Petrus ist aufrecht, ganz eng bei Jesus. Die anderen Jünger haben sich vor Jesus niedergeworfen. Für sie ist das Erlebnis umwerfend und führt zu dem Bekenntnis »Du bist wahrhaftig Gottes Sohn«. Für Petrus hat es zu einer Jesusnähe geführt, die keiner Worte mehr bedarf.

Es ist wichtig, bei dieser Methode des kreativen Gestaltens eines im Auge zu behalten: Das, was ich gestalte, und die Botschaft, die sich daraus ergibt, ist keine objektiv »richtige« Botschaft des Textes. Es zeigt mir lediglich, was *ich* darin als die *heute* für mich gültige Botschaft sehen kann.

Zur Erschließung desselben Bibeltextes bietet sich auch noch eine andere Methode an. Lies den Text absatzweise aus der Perspektive des Petrus in der **Ich-Form**, also: »Alsbald trieb Jesus *uns*, in das Boot zu steigen ... Aber in der vierten Nachtwache kam Jesus zu *uns* und ging auf dem See.« Fühle dich dabei ganz ein in Petrus. Frag dich nach jedem Absatz: Was geht in ihm vor? Was empfindet er? Formuliere es, vielleicht sogar schriftlich, in einem inneren Monolog.

AUS UNSEREN NOTIZBLÄTTERN

Warum lässt Jesus uns jetzt allein? Ich verstehe ihn wieder einmal nicht. Obwohl ich mit den anderen zusammen im Boot bin, fühle ich mich verlassen, von ihm verlassen. Es wird dunkel. Ich möchte, dass er bei uns ist. Er geht allein auf den Berg. Er ist so weit weg.

Sturm kommt auf. Ich habe Angst. Dunkelheit und Sturm – und wir in diesem kleinen Boot! Wer hilft uns? Wo ist Jesus? Warum, warum hat er uns jetzt alleingelassen?
Vor dem Sturm habe ich Angst, aber den Sturm kenne ich. Was jetzt auf mich zukommt, ist schlimmer als die Angst vor dem Sturm, jagt mir tiefe Furcht ein, den anderen auch: Da ist eine Erscheinung auf dem Wasser zu sehen, eine Gestalt ... ein Gespenst?? Wir sind einiges gewohnt, sind harte Männer. Aber wir schreien vor Furcht.
Die Gestalt spricht. Und ich erkenne die Stimme: Es ist die Stimme Jesu. So beruhigend, so tröstend, so warm. Mein innerer Sturm legt sich, ich werde ganz ruhig. Dennoch kann ich es kaum glauben, dass es wirklich Jesus ist, der auf dem Wasser auf uns zukommt. Unglaube und Glaube sind jetzt ganz nah beieinander. Ich fasse den kühnen Entschluss, Jesus auf die Probe zu stellen. Ist es Übermut, der mich fragen lässt, ob ich zu ihm kommen kann auf dem Wasser? Ist es Glaube oder Zweifel oder beides? Was wird er sagen?
Komm her – zwei Worte, die mich erinnern an das *Folge mir nach*, das er gesprochen hat. Damals habe ich nicht lange überlegt, bin aufgestanden und gegangen. Die gleiche Entschlossenheit spüre ich jetzt. Nur einer kann so *Komm her* sagen, mit solcher Autorität, mit solcher Kraft. Diesem *Komm her* kann ich mich nicht entziehen.
Es geht! Ich gehe! Ich gehe auf dem Wasser, den Blick fest auf Jesus gerichtet. Eine unbändige Freude erfüllt mich. Ich bin erfüllt von einem Glauben, der alles vermag. Großartig! Mein Meister und ich, ich spüre eine tiefe Verbindung zu ihm.
Plötzlich ist alles vorbei. Ich habe die Wellen gesehen, den Sturm gespürt, habe den Kontakt zu Jesus verloren, versinke, gehe unter, gerate in Todesangst und Todesnot! Nur eines kann ich noch. Ich kann noch schreien: *Herr, hilf mir!* Da ist seine Hand. Noch kann ich ihn nicht sehen, aber ich spüre diese Hand, die mich ergreift. *Kleingläubiger* nennt er mich, aber ich kann mich nicht einmal schämen, so froh bin ich, dass er da ist, dass sich die Wellen legen, dass ich wieder Boden unter den Füßen habe.

Uns geht es in unserem Alltag oft wie Petrus. Wir drohen zu versinken, da wir den Blickkontakt mit Jesus verloren haben. Stattdessen schauen wir auf die »Stürme«, die uns bedrohen, auf Sorgen und Ängste, auf die Last der Arbeit, auf unsere Zweifel, auf Konflikte und ungelöste Probleme. Wo ist die Hand Jesu, die uns ergreift, damit wir nicht ertrinken? In einer einfachen

Meditationsübung können wir versuchen, das nachzuvollziehen, was Petrus erfahren hat.

Für eine Übung, in der du mit deinem Leben ganz hineingehst in diese Geschichte, musst du dir zunächst das notwendige Material besorgen:

- Eine (Kunstpost-)Karte mit einer Christusdarstellung – das kann eine Ikone sein, ein Bild des Auferstandenen oder ein anderes dir vertrautes Bild von Christus. Es soll aber möglichst eine Darstellung sein, bei der die Augen Jesu auf den Betrachter gerichtet sind.
- Einige leere Zettel, etwa in Scheckkartengröße, und einen Stift.
- Eine Kerze an dem Platz, den du für die Übung gewählt hast.

Setz dich vor die Kerze und das Christusbild und entspanne zunächst deinen Körper. Lass alle Anspannung von oben nach unten abfließen, angefangen von deiner Kopfhaut, über Gesicht, Nacken, Schultern ... Stell dir vor, wie du getragen bist von dem Stuhl, auf dem du sitzt, von dem Boden unter dir. Lausche eine Weile auf das Kommen und Gehen deines Atems.

Dann beginne, eingehend die Christusdarstellung zu betrachten. Was siehst du? Farben, Formen, Hintergrund, die Gesichtszüge Jesu, Handhaltung, Kleidung – betrachte alles genau. Dafür nimmst du dir viel Zeit. Nimm Blickkontakt mit Jesus auf und versuche zu spüren, welche Wirkung von dem Bild auf dich ausgeht.

Dann nimm dir die leeren Zettel vor und schreibe auf, was dich augenblicklich belastet, was dir Sorgen, Angst oder Kummer macht: eine Arbeit, die du noch nicht zu Ende gebracht hast, ein Streit mit den Nachbarn, Ärger über einen Kollegen, ein gesundheitliches Problem ...

Langsam nimmst du schließlich eines dieser Kärtchen nach dem anderen, betrachtest es noch einmal aufmerksam und legst es dann auf das Bild von Christus, bis dieses ganz oder teilweise bedeckt ist. Schau auf das, was nun entstanden ist. Kannst du noch etwas von der verdeckten Christusdarstellung wahrnehmen? Was ist es? Was siehst du?

Lies die **»Sorgenzettel«** noch einmal eingehend, verweile bei jedem, lass Szenen und Gesichter vor deinem inneren Auge aufsteigen, die dazugehören. Wenn es dir nicht zu viel wird, kannst du Sätze formulieren wie: »Was mir den Blick auf Jesus verstellt, ist mein Streit mit N.N. Zwischen mir und Jesus steht mein Ärger über ... Meine Beziehung zu Jesus wird gestört durch meine Wut auf ... durch meine Sorge um ...«

Nun siehst du wirklich nur noch die Wellen deiner Sorgen, die über dir zusammenschlagen wollen, die Stürme deiner Gefühle von Wut, Angst, Enttäuschung. Nimm jetzt all deine Kräfte zusammen, balle deine Fäuste und sprich (am besten laut): »Ich möchte darin nicht versinken. Ich will nicht untergehen!«

Nun bete: »Herr, hilf mir!« Oder: »Herr, erbarme dich meiner!« Bete dein Gebet immer wieder, und jedes Mal, wenn du es sprichst, schiebst du einen Zettel etwas beiseite. Welcher Bildausschnitt der Christus-Karte wird zuerst sichtbar? Was sagt er dir? Nach und nach legst du auf diese Weise die Christus-Karte wieder ganz frei. Betrachte sie, entspanne dich noch einmal ganz bewusst, lass deinen Atem ruhig fließen und verweile im Anschauen und im Angeschautwerden. Wenn du willst, kannst du den Namen »Jesus Christus« mit deinem Atem verbinden und ihn innerlich im Rhythmus deines Atems sprechen.

Vielleicht brauchst du nun die Christus-Karte für dein Gebet nicht mehr. Du kannst die Augen schließen und weiter den Namen Jesu beten. Tauchen Gedanken an die »Sorgenkarten« wieder auf, wendest du deine Aufmerksamkeit einfach immer wieder dem Antlitz Jesu zu.

Beende die Übung mit einem Gebet (dem Vaterunser), einem Segen, dem Kreuzzeichen oder etwas Ähnlichem.

2. Leben mit der Angst, zu kurz zu kommen oder nicht dazuzugehören

Suche nach Anerkennung

Sechs Tage vor dem Passafest kam Jesus nach Betanien, wo Lazarus war, den Jesus auferweckt hatte von den Toten. Dort machten sie ihm ein Mahl, und Marta diente ihm; Lazarus aber war einer von denen, die mit ihm zu Tisch saßen. Da nahm Maria ein Pfund Salböl von unverfälschter, kostbarer Narde und salbte die Füße Jesu und trocknete mit ihrem Haar seine Füße; das Haus aber wurde erfüllt vom Duft des Öls.
Da sprach einer seiner Jünger, Judas Iskariot, der ihn hernach verriet: Warum ist dieses Öl nicht für dreihundert Silbergroschen verkauft worden und den Armen gegeben?
Joh 12,1–5 (Lutherübersetzung)

Da ging einer von den Zwölfen, mit Namen Judas Iskariot, hin zu den Hohepriestern und sprach: Was wollt ihr mir geben? Ich will ihn euch verraten. Und sie boten ihm dreißig Silberlinge. Und von da an suchte er eine Gelegenheit, dass er ihn verriete.
Mt 26,14–16 (Lutherübersetzung)

Und am Abend setzte Jesus sich zu Tisch mit den Zwölfen. Und als sie aßen, sprach er: Wahrlich ich sage euch: Einer unter euch wird mich verraten. Und sie wurden sehr betrübt und fingen an, jeder einzeln, ihn zu fragen: Herr, bin ich's? Er antwortete und sprach: Der die Hand mit mir in die Schüssel taucht, der wird mich verraten. Der Menschensohn geht zwar dahin, wie von ihm geschrieben steht; doch weh dem Menschen, durch den der Menschensohn verraten wird! Es wäre für diesen Menschen besser, wenn er nie geboren wäre. Da antwortete Judas, der ihn verriet, und sprach: Bin ich's Rabbi? Er sprach zu ihm: Du sagst es.
Mt 26,20–25 (Lutherübersetzung)

Und als er noch redete, siehe, da kam Judas, einer von den Zwölfen, und mit ihm eine große Schar mit Schwertern und mit Stangen, von den Hohenpriestern und Ältesten des Volkes. Und der Verräter hatte ihnen ein Zeichen genannt und gesagt: Welchen ich küssen werde, der ist's; den ergreift. Und

alsbald trat er zu Jesus und sprach: Sei gegrüßt, Rabbi!, und küsste ihn. Jesus aber sprach zu ihm: Mein Freund, dazu bist du gekommen? Da traten sie heran und legten Hand an Jesus und ergriffen ihn.
Mt 26,47–50 (Lutherübersetzung)

Als Judas, der ihn verraten hatte, sah, dass er zum Tode verurteilt war, reute es ihn, und er brachte die dreißig Silberlinge den Hohenpriestern und Ältesten zurück und sprach: Ich habe Unrecht getan, dass ich unschuldiges Blut verraten habe. Sie aber sprachen: Was geht uns das an? Da sieh du zu! Und er warf die Silberlinge in den Tempel, ging fort und erhängte sich.
Mt 27,3–5 (Lutherübersetzung)

Judas ist eine tragische Gestalt, der Prototyp eines Zukurzgekommenen. Er gehört dem militanten Flügel der Jesusanhänger an, heißt deshalb mit Beinamen Iskariot, der Dolchträger, und hat vermutlich lange versucht, Jesus zum bewaffneten Aufstand gegen die Römer zu überreden. Doch sein Rabbi schenkt seinen Argumenten kein Gehör.

So mag er es oft empfunden haben: Jesus hört auf die anderen Jünger, lobt sie, mahnt sie, weist sie zurecht – nimmt sie wahr. Nur er fühlt sich immer im Hintergrund, empfindet sich selbst als einen, der zu kurz gekommen ist. Wie hat er sich engagiert – er hat die Verantwortung für die Kasse übernommen. Doch wer dankt es ihm? Er hat für die Armen gesprochen – hätte da Jesus, der Anwalt der Armen, ihn nicht endlich loben müssen?

Judas ist deshalb eine tragische Gestalt, weil es ihm nicht genügte, einer der auserwählten Zwölf zu sein. Selbst in dieser Schar von Hervorgehobenen wollte er noch eine herausragende Rolle spielen.

Wenn wir davon ausgehen, dass alle Personen biblischer Geschichten Anteile unserer Persönlichkeit verkörpern, können wir behaupten, dass es in uns alle Jünger als Persönlichkeitsanteile gibt. Wir haben Judasanteile, ebenso wie Petrus-, Johannes-, Jakobusanteile.

Zeichne deine **innere Bühne** und lass die Personifizierungen deiner inneren Anteile auftreten. Entscheide, ob die einzelnen Persönlichkeitsanteile eher im Vorder- oder im Hintergrund, seitlich oder gar außerhalb der Bühne stehen und noch auf ihren Auftritt warten.

Dieselbe Übung kannst du auch mit anderen biblischen Gestalten machen, z.B. mit Maria Magdalena, Maria, der Mutter Jesu, Martha, Nikodemus oder Zachäus.

AUS UNSEREN NOTIZBLÄTTERN

Meine innere Bühne

Judas: Angst, zu kurz zu kommen

Petrus: erwählt sein

Judas: Eifersucht, Neid

Johannes: Gefühl, geliebt zu sein

Jakobus und Johannes: Anspruchshaltung

Petrus: Temperament, Spontaneität, Impulsivität

Judas: Sehnsucht nach Anerkennung

Nun kannst du die Personen auf deiner Bühne ein **inneres Drama** aufführen lassen. Was sagen sie? Welche Konflikte haben sie? Was sind ihre Sehnsüchte und Ängste?

AUS UNSEREN NOTIZBLÄTTERN

Drama der biblischen Gestalten

Judas: Ich übernehme besondere Aufgaben, engagiere mich. Wer dankt es mir? Wer sieht meine Mühe, die Kasse zu führen?
Johannes: Ich muss nichts leisten. Ich liebe und werde geliebt. Ich brauche nichts zu tun, ich brauche mir keine Liebe zu verdienen.
Petrus: Nichts zu tun, das wäre mir zu wenig. Ich möchte Jesus zeigen, dass ich ein guter Jünger bin.

Judas: Du übertreibst oft und gehst dabei unter. Aber dir wendet sich Jesus dann immer wieder zu. Das würde ich auch gern erleben. Ich kann sagen und tun, was ich will, keiner schenkt mir Anerkennung. Dabei strenge ich mich doch immer an. Sogar wenn ich mich für die Armen einsetze, werde ich zurückgewiesen.
Jakobus und Johannes: Das Problem ist uns fremd. Wir haben ein Recht auf Sonderbehandlung.
Judas: Jesus sieht immer nur die anderen. Jesus hört immer nur auf die anderen. Wo bleibe ich?

Verändere auf deiner inneren Bühne die Position der einzelnen Persönlichkeitsanteile so, wie du sie gerne hättest.

Lass die unterschiedlichen Anteile eine Botschaft an dich formulieren.

AUS UNSEREN NOTIZBLÄTTERN

Botschaften für mich

Petrus: Du bist erwählt. Auch wenn dein Temperament mit dir durchgeht, darfst du wissen, dass Jesus dich immer wieder fragt: Hast du mich lieb? Überlege dir, wo in deinem Leben diese Aussage zutrifft: Ich bin erwählt!
Johannes: Entspanne dich in der Gegenwart Jesu. Leg deinen Kopf an seine Schulter und sei einfach da.
Jakobus und Johannes: Selbst wenn du manchmal arrogant und egoistisch bist, darfst du in der Begleitung Jesu ganz besondere Erfahrungen machen. Du musst nicht noch besondere Ansprüche stellen.
Judas: Meine Habsucht, meine Machtsucht, meine Ehrsucht haben mich vergiftet und schließlich zerstört. Ich sollte abtreten von deiner Bühne. Hol stattdessen Maria oder eine andere biblische Gestalt.

Gönnen können

Das Himmelreich gleicht einem Hausherrn, der früh am Morgen ausging, um Arbeiter für seinen Weinberg einzustellen. Und als er mit den Arbeitern einig wurde über einen Silbergroschen als Tagelohn, sandte er sie in seinen Weinberg.

Und er ging aus um die dritte Stunde und sah andere müßig auf dem Markt stehen und sprach zu ihnen: Geht ihr auch hin in den Weinberg; ich will euch geben, was recht ist. Und sie gingen hin. Abermals ging er aus um die sechste und um die neunte Stunde und tat dasselbe. Um die elfte Stunde aber ging er aus und fand andere und sprach zu ihnen: Was steht ihr den ganzen Tag müßig da? Sie sprachen zu ihm: Es hat uns niemand eingestellt. Er sprach zu ihnen: Geht ihr auch hin in den Weinberg.

Als es nun Abend wurde, sprach der Herr des Weinbergs zu seinem Verwalter: Ruf die Arbeiter und gib ihnen den Lohn und fang an bei den letzten bis zu den ersten. Da kamen, die um die elfte Stunde eingestellt waren, und jeder empfing seinen Silbergroschen. Als aber die ersten kamen, meinten sie, sie würden mehr empfangen; und auch sie empfingen ein jeder seinen Silbergroschen. Und als sie den empfingen, murrten sie gegen den Hausherrn und sprachen: Diese letzten haben nur eine Stunde gearbeitet, doch du hast sie uns gleichgestellt, die wir des Tages Last und Hitze getragen haben.

Er antwortete aber und sagte zu einem von ihnen: Mein Freund, ich tu dir nicht unrecht. Bist du nicht mit mir einig geworden über einen Silbergroschen? Nimm, was dein ist, und geh! Ich will aber diesem letzten dasselbe geben wie dir. Oder habe ich nicht Macht, zu tun, was ich will, mit dem, was mein ist? Siehst du scheel drein, weil ich so gütig bin?

Mt 20,1–15 (Lutherübersetzung)

Entscheide für eine Auseinandersetzung mit der Geschichte zunächst, ob du die folgenden Aussagen des **Fragebogens** für richtig oder falsch hältst:

	richtig	falsch
Der Herr des Weinbergs hat sich nicht an seine Abmachung gehalten.		
Ein Tagelöhner hat zwar einen festen Arbeitsplatz, wird aber tageweise bezahlt.		
Den ganzen Tag auf der Straße in der Sonne stehen ist leichter, als den ganzen Tag arbeiten.		
Es hätte keinen Konflikt gegeben, wenn der Herr in umgekehrter Reihenfolge bezahlt hätte.		
Man erfährt nicht, warum die Letzten so spät eingestellt wurden.		
Dadurch dass die Letzten den gleichen Lohn erhielten, waren die Ersten im Nachteil.		
Ein Tagelöhner muss jeden Tag neu hoffen, Arbeit zu finden.		
Der Herr ließ die Ersten absichtlich sehen, wie viel Lohn die Letzten bekamen.		
Gerechtigkeit heißt: Alle werden gleich behandelt – in diesem Fall, entsprechend ihrer unterschiedlichen Leistung auch unterschiedlich bezahlt.		
Gerechtigkeit heißt, den Bedürfnissen jedes Einzelnen gerecht werden.		
Wenn alle früh genug da gewesen wären, hätten alle schon am Morgen Arbeit bekommen.		
Das Gleichnis sagt, dass im Himmelreich alle gleich behandelt werden, egal, wie sie gelebt haben.		
Das Gleichnis sagt, dass die im Vorteil sind, die ihr Leben lang im Weinberg des Herrn arbeiten dürfen.		
Der Herr hat nur mit den Ersten einen Lohn ausgemacht.		
Am Abend dieses Tages haben alle Arbeiter das, was sie für sich und ihre Familie zum Leben brauchen.		
Der Herr des Weinbergs handelt willkürlich.		
Es gibt Richtlinien, nach denen der Herr handelt.		
Der Ärger der Ersten ist verständlich.		
Der Ärger der Ersten ist berechtigt.		
Die Letzten haben Mitleid verdient.		
In der Geschichte geht es ums Gönnen-können.		

Psychologen haben folgenden Test durchgeführt: Die Versuchspersonen wurden in zwei Gruppen eingeteilt. Die Leute wussten von der je anderen Gruppe. Jeder Teilnehmer bekam zunächst 50 Euro geschenkt. Die erste Gruppe erhielt dann folgendes Angebot: Sie bekommen noch 50 Euro dazu, wenn sie einverstanden sind, dass jedes Mitglied der zweiten Gruppe das Doppelte, also insgesamt 200 Euro bekommt.

Die meisten verzichteten auf den zweiten 50-Euro-Schein, und zwar nur, damit die anderen nicht das Doppelte bekamen. Sie gönnten den anderen das Geschenk nicht. Ihre Missgunst war ihnen 50 Euro wert!

Die Geschichte von den Arbeitern im Weinberg ist eine Geschichte des Gönnens, eine Geschichte gegen die Missgunst.

Kaum jemand ist frei von der Angst, zu kurz zu kommen, vom neidischen Blick auf das, was der andere hat. Diese Angst können wir uns nicht einfach verbieten, sie lässt sich nicht wegmeditieren oder wegtherapieren. Aber die Methode der **Selbstbefragung** kann helfen, mit dieser Angst besser umzugehen und zu leben.

1. Fertige eine Liste an von all dem, was andere haben und was du auch gerne hättest!
2. Sage dir bei jedem einzelnen Punkt:
Ich spüre Neid und Missgunst in mir, aber ich möchte es mir verzeihen,
- *dass ich N.N. das nicht gönne*
- *dass ich neidisch bin auf N.N., weil ...*
- *dass ich so oft meine, ich sei zu kurz gekommen, weil ...*

3. Versuche dich an die zurückliegende Woche zu erinnern. Hast du gejammert, dich beklagt, Unzufriedenheit geäußert, deren Wurzel Neid und Missgunst waren?
4. Versetze dich in die Menschen hinein, denen du etwas neidest. Schau ihre Sorgen und Defizite an.
5. Versetze dich in einige deiner Mitmenschen und fantasiere, was sie dir neiden könnten. Fertige auch davon eine Liste an!

Welche fünf Schritte aus der Angst, zu kurz zu kommen, können sich aus der Übung ergeben?

- Der erste Schritt ist: Ich gestehe mir den Neid ein und ich gestehe ihn mir zu. Ich erkenne den Neid als solchen, benenne ihn und tu nicht großartig so, als sei ich beseelt von selbstloser Liebe. Wer Rumpelstilzchen beim Namen nennt, hat seine Macht schon gebrochen!

- Der zweite Schritt ist, sich nicht für einen schlechten Menschen zu halten, weil man solche Gefühle hat, sich also nicht moralisch unter Druck zu setzen.
- Der dritte Schritt ist, die Unzufriedenheit nicht ständig zu äußern, dadurch andere mit hineinzuziehen und ihr unangemessen viel Raum zu geben.
- Der vierte Schritt ist ein Blick aufs Ganze, ein Blick hinter die Kulissen. Es gibt keine Menschen ohne Sorgen und Probleme.
- Der fünfte Schritt ist eine Änderung der Blick- und Denkrichtung: Ich schaue nicht auf das, was die anderen in der Hand halten, sondern auf das, was ich in der Hand halte, und frage mich: Brauche ich wirklich mehr?
- Die letzte und höchste Stufe freilich wäre es, das Glück der anderen zu sehen und es ihnen zu gönnen, sich mit ihnen zu freuen.

Draußen vor der Tür

Dann wird das Himmelreich gleichen zehn Jungfrauen, die ihre Lampen nahmen und gingen hinaus, dem Bräutigam entgegen. Aber fünf von ihnen waren töricht, und fünf waren klug. Die törichten nahmen ihre Lampen, aber sie nahmen kein Öl mit. Die klugen aber nahmen Öl mit in ihren Gefäßen, samt ihren Lampen.
Als nun der Bräutigam lange ausblieb, wurden sie alle schläfrig und schliefen ein. Um Mitternacht aber erhob sich lautes Rufen: Siehe, der Bräutigam kommt! Geht hinaus, ihm entgegen! Da standen diese Jungfrauen alle auf und machten ihre Lampen fertig.
Die törichten aber sprachen zu den klugen: Gebt uns von eurem Öl, denn unsre Lampen verlöschen. Da antworteten die klugen und sprachen: Nein, sonst würde es für uns und euch nicht genug sein; geht aber zum Kaufmann und kauft für euch selbst.
Und als sie hingingen zu kaufen, kam der Bräutigam; und die bereit waren, gingen mit ihm hinein zur Hochzeit, und die Tür wurde verschlossen. Später kamen auch die andern Jungfrauen und sprachen: Herr, Herr, tu uns auf!
Er antwortete aber und sprach: Wahrlich, ich sage euch: Ich kenne euch nicht.
Darum wachet! Denn ihr wisst weder Tag noch Stunde.
Mt 25,1–13 (Lutherübersetzung)

Die anderen sind drin und ich stehe draußen; die anderen feiern ein Fest und ich bin ausgeschlossen. Was sagt Jesus zu der Angst, nicht dazuzugehören? Er sagt: Sorge dafür, dass du dazugehörst. Ich sage dir, wie das geht.

Schau dir den Text genau an, um Jesu Botschaft zu verstehen, und versuche zu **entschlüsseln**, was sich im übertragenen Sinn hinter den einzelnen Begriffen bzw. Schritten der Geschichte verbirgt.

Zehn Jungfrauen, die ihre Lampen nahmen, gingen hinaus, dem Bräutigam entgegen. Aber fünf von ihnen waren töricht und fünf waren klug.

(Zum Hintergrund: Die Hochzeitsfeier findet im Hause der Braut statt. Die Brautjungfrauen ziehen abends hinaus zur Dorfgrenze, dem Bräutigam entgegen, den sie dann mit ihren brennenden Lampen zum Haus der Braut führen.)

- Zehn Jungfrauen.
- Sie nahmen ihre Lampen.
- Sie gingen hinaus bis zur Dorfgrenze.
- Dem Bräutigam entgegen.

Die Klugen nahmen Öl mit in ihren Gefäßen samt ihren Lampen.

- Die Klugen.
- Gefäße mit Öl.

Als nun der Bräutigam lange ausblieb, wurden sie alle schläfrig und schliefen ein.

- Der Bräutigam blieb lange aus.

Da standen diese Jungfrauen alle auf und machten ihre Lampen fertig.

- Sie standen alle auf.
- Sie machten ihre Lampen fertig.

Die Klugen antworteten und sprachen: Nein, sonst würde es für uns und euch nicht genug sein.

- Sie sprachen: Nein.

Die bereit waren, gingen mit ihm hinein zur Hochzeit und die Tür wurde verschlossen.

- Sie gingen mit ihm hinein zur Hochzeit.
- Die Tür wurde verschlossen.

Zehn Jungfrauen
Ich muss herausfinden, zu wem ich gehören will, welche Gruppe zu mir passt.

Sie nahmen ihre Lampen
Ich bringe das mit, was alle anderen auch mitbringen, nicht mehr und nicht weniger – jede Gruppe hat etwas Verbindendes, das alle teilen, gewissermaßen einen gemeinsamen Nenner.

Sie gingen hinaus bis zur Dorfgrenze
Wer dazugehören will, muss sich aufmachen, Gewohntes verlassen, Schwellen überschreiten, unter Umständen bis an die eigenen Grenzen gehen.

Dem Bräutigam entgegen
Ich muss das Ziel teilen, das die Gruppe hat, der ich angehören möchte.

Die Klugen
Durch unterschiedliche Haltung, Einstellung, verschiedene Erfahrungen und Bedürfnisse der Einzelnen kann es Spaltungen innerhalb einer Gruppe geben. Ich muss mich entscheiden, zu welcher Untergruppe ich gehören will.

Gefäße mit Öl
Wer sich für die Gruppe der »Klugen« entscheidet, muss Mühen in Kauf nehmen, hat schwerer zu tragen als die anderen, investiert Wertvolles. Aber je mehr ich investiere, umso stärker wird der Zusammenhalt.

Der Bräutigam blieb lange aus
Ich brauche in einer Gruppe oft Durchhaltevermögen, einen langen Atem und Geduld, wenn das Ziel in der Ferne bleibt.

Sie standen alle auf und machten ihre Lampen fertig
Ich muss mich einlassen auf den Gruppenprozess, kann nicht meinen individuellen Rhythmus durchsetzen. Gemeinsame Unternehmungen erfordern Kompromisse.

Sie sprachen: Nein
Ich kann nicht erwarten, dass die anderen für mich alle Verantwortung übernehmen. Umgekehrt muss auch ich bereit sein, ein hartes Nein zu sagen, wenn sonst das Erreichen des Gruppenziels gefährdet ist.

Sie gingen mit ihm hinein zur Hochzeit. Die Tür wurde verschlossen
Es gibt ein Zuspät. Wer versäumt, das Seine zu tun, um dazuzugehören, muss irgendwann draußen bleiben.

Versuche die Geschichte jetzt auch als Spiegel deiner Persönlichkeit zu deuten, denn von deiner Persönlichkeitsstruktur hängt es ab, wie gut du Beziehungen aufbauen und dich in Gruppen integrieren kannst.

Die zehn Jungfrauen verkörpern verschiedene Anteile deiner Persönlichkeit. Gib den törichten und den klugen ihre Namen. Schreib die Namen der törichten in einer dunklen, die der klugen in einer hellen Farbe. Du kannst die Namen auch nach der Methode der **Bedeutungsperspektive** malen, das heißt: unterschiedlich groß, je nachdem, welche Bedeutung sie für dich haben, eventuell sogar in unterschiedlicher Schrift.

AUS UNSEREN NOTIZBLÄTTERN

Trägheit

Weitsicht

Kompromissbereitschaft

Trägheit

Zweckoptimismus

Gelassenheit

Entschiedenheit

Egozentrik

Mut

Geduld

Eitelkeit

Machtgier

Demut

- Die Lampe ist Sinnbild für deine Seele. Stell dir vor, wie deine **Seelenlampe** aussieht, wie groß sie ist, welche Farbe, welche Form sie hat, aus welchem Material sie besteht, wie weit sie gefüllt ist. Zeichne deine Lampe und bitte eine Freundin oder einen Freund, dir zu beschreiben, was er sieht.
- Erst dann schreibe hinein, was deine Seele zum Leben braucht und was sie zum Leuchten bringt.
- Das Gleichnis ist auch ein Bild für deine persönliche Gottsuche. Entdecke in dem Gleichnis den Weg, den du gehen kannst, damit deine Seele mit Gott das Fest feiert.

AUS UNSEREN NOTIZBLÄTTERN

Was meine Freundin in meiner Lampe gesehen hat
Dein Öllämpchen ist bauchig, es passt viel Öl hinein und es ist auch ziemlich voll gefüllt. Die Einfüllöffnung ist größer und liebevoller gestaltet als das »Schnäuzchen«. Ein paar Tropfen, die gerade herunterfallen, deuten darauf hin, dass die Lampe eben benutzt wurde. Es gibt jedoch keinen Griff. Wer Öl haben will, muss dein Lämpchen ganz in die Hand nehmen. Die runde Form macht einen stabilen Stand unmöglich.

Was ich in mein Lämpchen geschrieben habe
Stille, Gebet, Freundschaft, Familie, Natur, Bewegung, Sicherheit, Schlaf

Was mir hilft bei meiner Gottsuche
Gemeinschaft und Austausch mit anderen
Aufbruch zum Ort der Begegnung
Adventliche Haltung des Wartens
die Bibel als Ölgefäß
das Vertrauen, dass der »Bräutigam« zu mir kommt

3. Leben mit der Angst vor dem Tod

Im Sturm der Angst

Und am Abend desselben Tages sprach er zu ihnen: Lasst uns hinüberfahren. Und sie ließen das Volk gehen und nahmen ihn mit, wie er im Boot war, und es waren noch andere Boote bei ihm. Und es erhob sich ein großer Windwirbel, und die Wellen schlugen in das Boot, sodass das Boot schon voll wurde. Und er war hinten im Boot und schlief auf einem Kissen. Und sie weckten ihn auf und sprachen zu ihm: Meister, fragst du nichts danach, dass wir umkommen? Und er stand auf und bedrohte den Wind und sprach zu dem Meer: Schweig und verstumme! Und der Wind legte sich, und es entstand eine große Stille.

Mk 4,35–41 (Lutherübersetzung)

»O Herr, gib jedem seinen eignen Tod«, dichtete Rainer Maria Rilke. Eine Möglichkeit, das eigene Sterben nicht zu verdrängen, sondern gewissermaßen einzuüben, ist eine Imagination, bei der die biblische Geschichte von der Sturmstillung eine gute Begleitung sein kann. Nicht umsonst übersetzte Fridolin Stier die Worte Jesu zu Beginn der Geschichte mit »Fahren wir zur Jenseite«.

Eine solche **Sterbe-Imagination** kann eine heilsame, aber auch harte Erfahrung sein. Wer sich seelisch labil fühlt, sollte sie lieber nur lesen.

Lies die Geschichte von der Sturmstillung in der Ich-Form als die Geschichte deines Sterbens. Nach jedem Abschnitt nimmst du dir Zeit, Gefühle, Bilder, Gedanken kommen zu lassen oder ihn in der Stille nachklingen zu lassen. Achte dabei auch auf Signale, die dein Körper sendet, wie Herzklopfen, veränderter Atemrhythmus, kalte Füße.

Und am Abend desselben Tages sprach Jesus zu mir: Lass uns hinüberfahren.

Welcher »Abend« ist das? Kann ich mir unter dem »Abend desselben Tages« auch den Abend meines Lebens vorstellen? Ich höre, wie Jesus da zu mir sagt: Komm, lass uns hinüberfahren! Wie klingt seine Stimme? Wie ist sein Gesichtsausdruck, seine Körperhaltung, seine Gestik? Was löst all das in mir aus? Wie ist mein Körpergefühl, wenn ich so angesprochen werde?

Und ich ließ das Volk gehen und nahm ihn mit.

Ich lasse das Volk, die anderen Menschen, gehen, löse mich von ihnen, sie bleiben zurück. Ihn jedoch nehme ich mit. Wo lässt Jesus sich in meinem Boot nieder? Wie ist der Abstand zwischen uns? Wie schaut er mich an? Welche Gedanken gehen mir durch den Kopf?

Und es erhob sich ein großer Windwirbel, und die Wellen schlugen in das Boot, sodass das Boot schon voll wurde.

Unterschiedlicher Art können diese »Windwirbel« sein: Welche Gedanken bedrängen mich, welche Ängste überfallen mich, welche unerledigten Geschäfte beunruhigen mich, welche Schuldgefühle belasten mich? Welche Gefühle lösen diese Windwirbel in mir aus? Spüre ich körperliche Reaktionen?

Und er war hinten im Boot und schlief auf einem Kissen.

Jesus ist eingeschlafen, während ich den Stürmen ausgesetzt bin. Was geht jetzt in mir vor? Wie ist jetzt meine Körperhaltung?

Und ich weckte ihn auf und sprach zu ihm: Meister, fragst du nichts danach, dass ich umkomme?

Ich wende den Blick weg von Sturm und Wellen, hin zu Jesus. Wie nähere ich mich ihm? Wie wecke ich ihn? Wie klingt meine Stimme, wenn ich sage: Meister, fragst du nichts danach, dass ich umkomme?

Und er stand auf und bedrohte den Wind und sprach zu dem Meer: Schweig und verstumme!

Ich stelle mir vor, wie Jesus aufsteht und den Wind bedroht. Wie bedroht er den Wind? Wie steht er im Boot? Wie ist sein Gesichtsausdruck? Wo bin ich in diesem Augenblick – äußerlich und innerlich?

Und der Wind legte sich und es entstand eine große Stille.

Es ist still. Um mich und in mir.

Was kommt danach?

Als sie aber davon redeten, trat er selbst, Jesus, mitten unter sie und sprach zu ihnen: Friede sei mit euch! Sie erschraken aber und fürchteten sich und meinten, sie sähen einen Geist. Und er sprach (...): Seht meine Hände und meine Füße, ich bin's selber.

Lk 24,36–39a (Lutherübersetzung)

Es lohnt sich, beim Lesen der Bibel einmal bei dem **scheinbar Nebensächlichen** zu verweilen, bei Worten, Formulierungen, die man leicht überliest, die uns im Textverständnis nicht wesentlich weiterbringen, die man im Grunde auch weglassen könnte. Sie können zur kostbaren Perle werden, wenn wir sie betasten, betrachten, ihnen Aufmerksamkeit und liebevolle Zuwendung schenken. Sie können zum Schatz im Acker werden, zu einem Schatz, den es zu heben gilt.

Solche überflüssigen, scheinbar unnötigen Worte finden sich im Text:
- *selbst*
- *mitten*
- *erschraken*
- *selber*

In der Bibel wird immer komprimiert erzählt, deshalb gehen wir davon aus, dass kein Wort überflüssig ist. Die oben genannten Worte müssen also eine ganz besondere Bedeutung haben. Sie können uns auf die Spur einer Antwort bringen, wie man mit der Angst vor dem Sterben umgehen kann, und geben uns eine Ahnung von dem Danach.

1. *selbst/selber*

Gleich zweimal verwendet Lukas dieses Wort (im griechischen Urtext findet sich hier dasselbe Wort); er gebraucht es noch ein drittes Mal in der Erzählung über die Emmausjünger: *Und es geschah, als sie so redeten und sich miteinander besprachen, da nahte sich Jesus selbst und ging mit ihnen (Lk 24,15).*

Interessant ist ein Vergleich mit einem anderen Ereignis zu Lebzeiten Jesu, das von drei Evangelisten einheitlich überliefert ist (Mt 14,27; Mk 6,50; Joh 6,20): Jesus kommt auf dem Wasser auf seine Jünger zu. Auch hier halten sie ihn für ein Gespenst. Auch hier erschrecken sie vor ihm. Auch hier sagt er: *Fürchtet euch nicht!* Doch dann fügt er lediglich hinzu: *Ich bin's* und nicht »Ich bin's selber«.

Versuche, das Wort *selbst/selber* erklärend zu umschreiben, durch andere Wörter oder Ausdrücke zu ersetzen!

AUS UNSEREN NOTIZBLÄTTERN

Ich bin's mit meinem Wesen, ich bin's persönlich, ich bin's in eigener Person, ich bin's unverwechselbar, ich bin's in meiner Einmaligkeit, ich bin's in meiner Individualität.

Dieses *selbst* gebraucht Jesus ausschließlich in den Erzählungen von seiner Auferstehung. Welche Vorstellung vom Leben nach dem Tod könnte sich daraus ergeben? Zu bedenken ist dabei auch, dass Jesus von seinen Jüngerinnen und Jüngern nach der Auferstehung häufig nicht sofort erkannt wurde.

AUS UNSEREN NOTIZBLÄTTERN

Wir behalten nach dem Tod unsere Identität, unser »Selbst«, unser eigenes Wesen.
Ich bleibe nach wie vor ich selbst. Dennoch werde ich auf unerklärliche Weise verwandelt sein.

2. *mitten*
Das Wort *mitten/in der Mitte* taucht in Zusammenhang mit dem Auferstandenen noch an anderer Stelle auf: *Und nach acht Tagen waren seine Jünger abermals drinnen versammelt, und Thomas war bei ihnen. Kommt Jesus, als die Türen verschlossen waren, und tritt mitten unter sie und spricht: Friede sei mit euch! (Joh 20,26).*

Das Wort *mitten* hat eine räumliche Dimension. Wenn ich in die Mitte eines Raums oder einer Gruppe von Menschen gelangen will, muss ich für alle sichtbar eine gewisse Wegstrecke zurücklegen. Bei jedem Sterblichen würde ein Hineingehen folgendermaßen aussehen: Er öffnet die Tür, er schreitet durch den Raum, er stellt sich in die Mitte.

Vergleiche mit dieser Überlegung die biblische Textstelle und frage dich auch hier, welche Vorstellung vom Leben nach dem Tod sich daraus ergibt.

AUS UNSEREN NOTIZBLÄTTERN

Jesus kommt, aber die Art des Kommens ist für uns unvorstellbar: er kommt offenbar durch verschlossene Türen und steht plötzlich in der Mitte. Man fragt sich: Wie ist er dorthin gelangt? Keiner hat gehört oder gesehen, wie er kommt.

Das heißt, nach dem Tod gibt es keine Gebundenheit mehr an Grenzen von Raum und Zeit. Die physikalischen Gesetze gelten nicht mehr.

Das Wort *mitten/in der Mitte* taucht aber auch schon in Geschichten vor dem Tod Jesu auf – im räumlichen und im übertragenen Sinn: *Dort kreuzigten sie ihn und mit ihm zwei andere zu beiden Seiten, Jesus aber in der Mitte (Joh 19,18).*

Auch hier scheint der Zusatz »Jesus in der Mitte« überflüssig. Nach dem Evangelisten Lukas (23,39–42) verspottet der eine Übeltäter Jesus, während der andere bittet: »Gedenke an mich, wenn du in dein Reich kommst.«

Was bedeuten die Worte *in der Mitte* für unser Sterben, wenn wir die beiden Übeltäter als zwei Seiten unserer Persönlichkeit sehen?

AUS UNSEREN NOTIZBLÄTTERN

Ich habe eine dunkle und eine helle Seite, eine, die sich von Gott abwendet, an ihm zweifelt, mit ihm hadert, und eine, die sich nach ihm sehnt, ihm vertraut, auf ihn hofft. In meiner Sterbestunde wird Jesus mittendrin sein.

3. *Sie erschraken und fürchteten sich*
Warum diese Doppelung?
Folgende Impulse können helfen, diese Frage zu beantworten:

- Wovor fürchten sich die Jünger?
- Was hat die Wiederholung mit der Angst vor dem Tod zu tun?

AUS UNSEREN NOTIZBLÄTTERN

Die Jünger fürchten sich vor dem »Danach«, vor dem, was nach der Kreuzigung passiert. Ihre Angst vor dem Totsein und noch mehr vor dem Wiederlebendig-Sein, vor der Auferstehung, ist größer als ihre Angst vor dem Sterben. Die Doppelung drückt die Intensität des Angstgefühls der Jünger aus, nimmt es auf diese Weise ernst. Das bedeutet für uns: Es ist normal, Angst vor dem Tod zu haben. Du darfst Angst haben. Schon diese Erlaubnis kann entlastend sein.

7 SUCHE NACH DEM SINN: LUST AUF GLÜCK

1. Was ist mein Lebensziel?

Das Glücksmodell Jesu

Selig sind, die da geistlich arm sind; denn ihrer ist das Himmelreich.
Selig sind, die da Leid tragen; denn sie sollen getröstet werden.
Selig sind die Sanftmütigen; denn sie werden das Erdreich besitzen.
Selig sind, die da hungert und dürstet nach der Gerechtigkeit; denn sie sollen satt werden.
Selig sind die Barmherzigen; denn sie werden Barmherzigkeit erlangen.
Selig sind, die reinen Herzens sind; denn sie werden Gott schauen.
Selig sind die Friedfertigen; denn sie werden Gottes Kinder heißen.
Selig sind, die um der Gerechtigkeit willen verfolgt werden; denn ihrer ist das Himmelreich.
Mt 5,3–10 (Lutherübersetzung)

Fertige dein **Glücksmodell** an, in dem du darstellst, was für dich Glück bedeutet. In die Mitte des Blattes schreibst du groß das Wort »Glück«. Davon ausgehend, kannst du strahlenförmig Begriffe anordnen, die für dich wesentlich sind, um glücklich zu sein. Sie können ihrerseits zu weiteren Assoziationen führen, zum Beispiel:

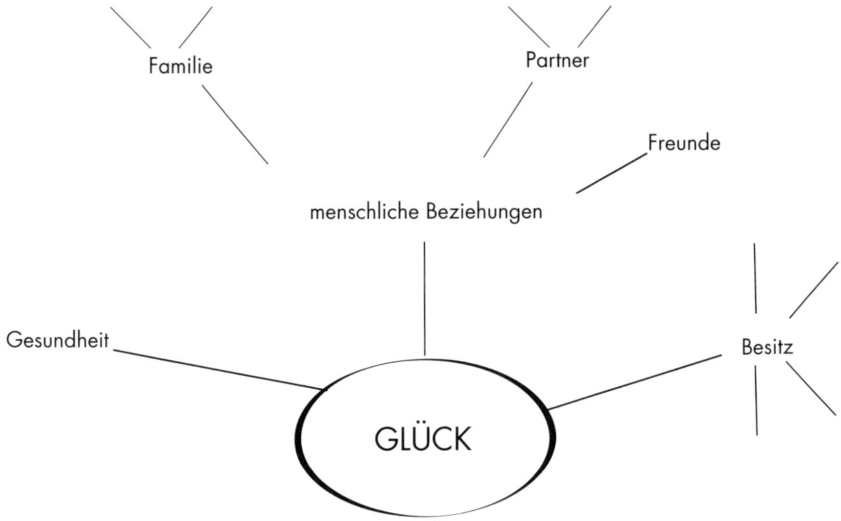

Lies die Seligpreisungen Jesu und zeichne sein Glücksmodell! Was fällt dir – im Vergleich zu deinem Modell – auf?

AUS UNSEREN NOTIZBLÄTTERN

Das Glücksmodell Jesu

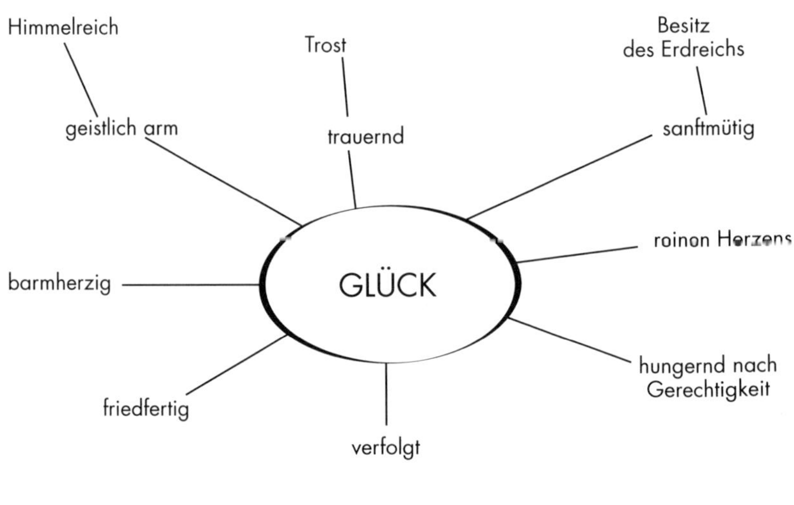

Was mir auffällt

In meiner Vorstellung gehören zum Glücklichsein – wenn ich ehrlich bin – auch materielle Güter. Darüber hinaus Werte, die ich mir selbst erwerben kann, Werte, die mir geschenkt werden, eine positive Einstellung zum Leben und ein Schicksal, das es gut mit mir meint.
In der Vorstellung Jesu gehören zum Glücklichsein bestimmte Tugenden. Es sind nicht die tradierten Tugenden aus der klassischen Antike, sondern typische Tugenden Jesu. Er gibt uns in ihnen ein Ziel, auf das hin wir uns entwickeln können: geistliche Armut, Sanftmut, Friedfertigkeit usw. Der »Besitz« dieser Tugenden schenkt Glück, das sich durchaus auch im Materiellen zeigen kann: *das Erdreich besitzen* (3. Seligpreisung).

Wenn das Glück darin besteht, die von Jesus genannten Tugenden zu leben, gilt es, sie einzuüben. Im Folgenden bieten wir einfache **Glücksübungen** zu jeder Seligpreisung an.

Selig sind, die geistlich arm sind

Wer geistlich arm werden will, verzichtet darauf, alles selbst bestimmen, machen, lösen zu wollen, lässt alles los.

Entspannung

Leg dich auf einer Decke am Boden auf den Rücken und schließe die Augen. Nimm deinen Körper wahr, angefangen von den Fußsohlen bis zum Scheitel. Entspanne ganz bewusst vor allem Schultern, Nacken, Gesicht, Zunge. Achte auf deinen Atem, betrachte ihn, wie er kommt und geht, horche auf ihn. Wenn Gedanken kommen, vertreibe sie nicht, sondern wende dich einfach wieder dem Atem zu. Wenn sich starke Gefühle einstellen wie Wut oder Trauer, schau sie an, nimm sie wahr und nimm sie ernst. Aber verliere dich nicht in ihnen. Sag ihnen: Ihr gehört zu mir, ihr dürft sein, aber ich beschäftige mich jetzt nicht mit euch. Dann schenke deine Aufmerksamkeit wieder behutsam der Wahrnehmung deines Körpers und deines Atems.

Fortgeschrittene können diese Übung leicht zwanzig bis dreißig Minuten machen. Anfänger beginnen mit etwa zehn Minuten.

Selig sind, die da Leid tragen

Leid und Seligkeit scheinen sich auszuschließen. Entgegen dieser Auffassung preist Jesus diejenigen glücklich, die in ihrem Leben Leidvolles ertragen müssen. Das zu erfahren, ist ein schwieriger Prozess, der sich in einzelnen Stufen vollziehen kann. Die Gelassenheitsübung der Himmelsleiter hilft dabei, diese Stufen zu erklimmen und schließlich zu überwinden.

Himmelsleiter

Vergegenwärtige dir eine Leiderfahrung aus deinem Leben und versuche herauszufinden, auf welcher Stufe du gerade stehst und welche es unter Umständen noch zu erklimmen gilt:

1. Ich erkenne an, dass es ein Leid ist, das mir widerfahren ist. Ich rede mir meine Trauer, meinen Verlust, meine Krankheit nicht klein. Ich halte den Schmerz aus und verdränge ihn nicht, decke ihn nicht zu.
2. Ich zeige mich mit meinem Leid. Ich tue nicht, als sei ich stark und als sei alles in Ordnung, ich verstecke mich nicht.
3. Ich informiere mich, welche Möglichkeiten es unter Umständen gibt, das Leid zu lindern oder besser zu ertragen. Ich gehe in die Aktivität, bekämpfe, was ich bekämpfen kann – zum Beispiel indem ich gegen eine Krankheit bestimmte Medikamente nehme –, bin aber nicht fixiert auf den Erfolg.
4. Ich entdecke im Leid neue Möglichkeiten, neue Freiheiten, neue Fähigkeiten. So kann nach einer Trennung das Alleinleben zu einer guten, bereichernden Erfahrung werden.
5. Ohne Leid- und Grenzerfahrungen gibt es keine Entwicklung. Das erkennt man oft erst rückblickend. Wer es erkennt, bedanke sich für die Entwicklung, die das Leid gebracht hat.

Selig sind die Sanftmütigen.

Sanftmütig sein heißt mild, nachsichtig, behutsam sein. Diese Behutsamkeit schützt andere vor Schaden. Das bezieht sich nicht nur auf Menschen, sondern auch auf Tiere, Pflanzen, Dinge. Um Sanftmut durch behutsamen, liebevollen Umgang einzuüben, kannst du ganz klein anfangen.

Liebe zum Kleinen

Wende einer Tätigkeit, die du als nebensächlich ansiehst, einmal deine uneingeschränkte, liebevolle Aufmerksamkeit zu: dem Spitzen eines Bleistifts, dem Mähen des Rasens, dem Schälen einer Kartoffel. Oder versuche es mit einer Meditation der Sinne:

Nimm eine Pflaume (oder eine andere Frucht) und genieße sie mit allen Sinnen: Schließe die Augen und ertaste dann ihre Form und ihre Konsistenz. Rieche daran und entdecke an verschiedenen Stellen die unterschiedliche Intensität ihres Duftes. Drücke mit Daumen und Zeigefinger auf die Frucht und lausche beim Zerteilen auf das leichte »Seufzen« und »Schmatzen«. Jetzt betrachte die Frucht: ihre Schale, ihr Fruchtfleisch, ihren Kern. Zuletzt genieße den Geschmack, kaue bewusst und lang. Beende die Meditation mit einem kurzen Dankgebet.

Selig sind, die hungern und dürsten nach Gerechtigkeit

Hunger und Durst nach Gerechtigkeit sind nichts anderes als Hunger und Durst nach Gott, das heißt Sehnsucht nach Gott. Hinter jeder irdischen Sehnsucht steht letztlich die Sehnsucht nach Gott.

Sehnsucht

Halte in einer Liste fest, wonach du dich sehnst. Schreibe also untereinander zum Beispiel: »Ich sehne mich nach Verständnis« , »Ich sehne mich nach Liebe« , »Ich sehne mich nach Beziehung«, »Ich sehne mich nach Heilung«, »Ich sehne mich nach Erholung«, »Ich sehne mich nach Stille«. Lass zunächst jede zweite Zeile frei. Dann schreib in die leeren Zeilen jeweils: »Du, Gott, bist das Verständnis, bist die Liebe, bist die Beziehung, die Heilung ...«

Am Schluss deiner Liste schreibst du das Ergebnis dieser Sehnsuchtsübung:

»ICH SEHNE MICH, GOTT, NACH DIR.«

Selig sind die Barmherzigen

»Erbarmen« bedeutet ursprünglich »ernähren, pflegen, erhalten«. Die Grundbedeutung lässt sich mit »ein Kind auf den Schoß nehmen, an die Brust legen« wiedergeben.

Fürsorge

Überleg dir, worum du dich in deinem Leben kümmerst, was/wen du regelmäßig versorgst, pflegst. Das mag ein Mensch sein – vielleicht ein (Enkel-) Kind, ein Nachbar oder sonst jemand, der dich braucht. Es kann auch ein Haustier sein, dein Garten oder eine Zimmerpflanze. Wann immer du dich jenem Lebewesen zuwendest, sag dir: »Jetzt lebe ich bewusst die nährende, pflegende, fürsorgliche Seite in mir.« Schenke diesem Lebewesen deine Aufmerksamkeit, sprich mit ihm, auch wenn es »nur« eine Pflanze ist.

Solltest du kein lebendiges Wesen um dich haben, das du pflegst, so mach dich auf die Suche. Geh in ein Pflanzengeschäft oder in eine Gärtnerei. Sieh dich um, nimm dir Zeit, du wirst deine Pflanze finden.

Durch das tägliche Üben des Pflegens wird Barmherzigkeit zu einer Grundhaltung im Umgang mit allen Geschöpfen. So kannst du dich jeden Abend beim Rückblick auf deinen Tag fragen: Wo habe ich heute Barmherzigkeit geübt?

Selig sind, die reinen Herzens sind

Ein reines Herz haben, ohne Falsch sein, unschuldig, ohne Hintergedanken, nichts für sich wollen – das ist ein hoher Anspruch, etwas sehr Großes. Für etwas so Großes eignet sich eine sehr kleine Übung.

Kindergebet

Kehre zurück zu einem schlichten Gebet, das du vielleicht aus deiner Kindheit kennst:

»Ich bin klein, mein Herz ist rein,
soll niemand drin wohnen als Jesus allein.«

Sprich dieses Gebet immer wieder. Wenn du meinst, du seist weder klein noch reinen Herzens, dann sprich es trotzdem. Gerade wenn Zweifel überhandnehmen und dein Glaube abhandenzukommen droht, sprich es umso intensiver.

Selig sind die Friedfertigen

»Es kann der Frömmste nicht in Frieden leben, wenn es dem bösen Nachbarn nicht gefällt«, dichtete Friedrich Schiller in seinem »Wilhelm Tell«. Wer diese Erfahrung kennt und sich fragt, wie mit dem bösen Nachbarn umzugehen sei, versuche die folgende Übung:

Segensmantel

In der Stille (des Gebets, der Meditation) stellst du dir vor, wie du dich in einen unsichtbaren Segensmantel einhüllst. Kein böses Wort, keine Anfeindung des Stören-frieds kann bis zu deinem Innersten durchdringen und dich vergiften oder dir schaden. Dann stell dir auch vor, wie der »böse Nachbar« eingehüllt wird in einen Segensmantel. Wenn du jetzt auf ihn blickst, siehst du zuerst diesen Mantel Gottes und dann, durch den Mantel hindurch, also fast mit den Augen Gottes, den Menschen. Verweile kurze Zeit in diesem Schauen, ohne an problematische Situationen, verletzende Worte zu denken, und überlasse ihn dann Gottes Gegenwart. Dazu kannst du die Worte sprechen: »Ich lasse ihn dir.«

Selig sind, die um der Gerechtigkeit willen verfolgt werden

Wir werden heutzutage in unserem Kulturkreis nicht mehr um unseres Glaubens willen verfolgt. Aber man kann diese Seligpreisung auch noch anders verstehen. Die Verfolger können Kräfte in uns sein, die uns daran hindern wollen, nach dem Reich Gottes, dem Himmelreich, zu streben. Es scheint zunächst merkwürdig, dass Jesus diejenigen seligpreist, die solche Verfolger in sich haben. Doch selig ist, wer sie spürt, sie erkennt und unter ihnen leidet. Das genügt. Man muss sie nicht einmal bekämpfen. Den Kampf gegen diese Kräfte hat Jesus bei seiner Versuchung in der Wüste schon für uns aufgenommen und für uns gewonnen (Mt 4,1–11).

Beichte

Zeichne die Umrisse eines Menschen. Frage dich, welche »Verfolger« in den einzelnen Organen und Körperteilen ihren Sitz haben, und schreibe ihre Namen an die entsprechenden Stellen, zum Beispiel: »Habsucht« auf eine Hand, »Machtsucht« auf die andere. Dann sprich ein Beichtgebet etwa folgender Art:

»Ich sehne mich nach dem Himmelreich. Aber meine Habsucht hindert mich.

Ich sehne mich nach dem Himmelreich, aber meine Trägheit hindert mich.«

Dann horche auf die Worte Jesu: »Selig bist du!« und lass sie nachklingen in dir.

Wir gehen davon aus, dass es einen inneren Zusammenhang zwischen den acht Tugenden gibt und dass die Einübung jeder Tugend ein möglicher Weg ist, um selig zu werden. Es gibt keine Hierarchie unter den Tugenden; jede verhilft dazu, christusförmig zu werden. Wem es gelingt, wirklich sanftmütig zu sein, der hat auch alle anderen Tugenden. Wähle also eine der Übungen aus, um eine der Tugenden in deinem Leben zu verwirklichen.

2. Wo bin ich zu Hause?

Miteinander ein Fest feiern

Weiter sagte Jesus: Ein Mann hatte zwei Söhne. Der jüngere von ihnen sagte zu seinem Vater: Vater, gib mir das Erbteil, das mir zusteht. Da teilte der Vater das Vermögen auf. Nach wenigen Tagen packte der jüngere Sohn alles zusammen und zog in ein fernes Land. Dort führte er ein zügelloses Leben und verschleuderte sein Vermögen. Als er alles durchgebracht hatte, kam eine große Hungersnot über das Land und es ging ihm sehr schlecht. Da ging er zu einem Bürger des Landes und drängte sich ihm auf; der schickte ihn aufs Feld zum Schweinehüten. Er hätte gern seinen Hunger mit den Futterschoten gestillt, die die Schweine fraßen; aber niemand gab ihm davon. Da ging er in sich und sagte: Wie viele Tagelöhner meines Vaters haben mehr als genug zu essen und ich komme hier vor Hunger um. Ich will aufbrechen und zu meinem Vater gehen und zu ihm sagen: Vater, ich habe mich gegen den Himmel und gegen dich versündigt. Ich bin nicht mehr wert, dein Sohn zu sein; mach mich zu einem deiner Tagelöhner. Dann brach er auf und ging zu seinem Vater. Der Vater sah ihn schon von Weitem kommen und er hatte Mitleid mit ihm. Er lief dem Sohn entgegen, fiel ihm um den Hals und küsste ihn. Da sagte der Sohn: Vater, ich habe mich gegen den Himmel und gegen dich versündigt; ich bin nicht mehr wert, dein Sohn zu sein. Der Vater aber sagte zu seinen Knechten: Holt schnell das beste Gewand und zieht es ihm an, steckt ihm einen Ring an die Hand und zieht ihm Schuhe an. Bringt das Mastkalb her und schlachtet es; wir wollen essen und fröhlich sein. Denn mein Sohn war tot und lebt wieder; er war verloren und ist wiedergefunden worden. Und sie begannen, ein fröhliches Fest zu feiern. Sein älterer Sohn war unterdessen auf dem Feld. Als er heimging und in die Nähe des Hauses kam, hörte er Musik und Tanz. Da rief er einen der Knechte und fragte, was das bedeuten solle. Der Knecht antwortete: Dein Bruder ist gekommen und dein Vater hat das Mastkalb schlachten lassen, weil er ihn heil und gesund wiederbekommen hat. Da wurde er zornig und wollte nicht hineingehen. Sein Vater aber kam heraus und redete ihm gut zu. Doch er erwiderte dem Vater: So viele Jahre schon diene ich dir, und nie habe ich gegen deinen Willen gehandelt; mir aber hast du nie auch nur einen Ziegenbock geschenkt, damit ich mit meinen Freunden ein Fest feiern konnte. Kaum aber ist der hier gekommen, dein Sohn, der dein Vermögen mit Dirnen durchgebracht hat, da hast du für ihn das Mastkalb geschlachtet. Der Vater antwortete ihm: Mein Kind, du bist immer bei mir, und alles, was mein ist, ist auch dein. Aber jetzt müssen wir uns doch freuen und ein Fest feiern; denn dein Bruder war tot und lebt wieder; er war verloren und ist wiedergefunden worden.

Lk 15,11–32 (Einheitsübersetzung)

Das ist eine Geschichte, in der zwei Menschen großes Glück erleben – das Glück, zu lieben und geliebt zu werden, das Glück, Vergebung zu schenken und Vergebung zu erhalten, das Glück, zu finden und gefunden zu werden. Sie wollen das Glück mit allen anderen teilen, sie wollen mit allen ein Fest der Liebe und der Versöhnung feiern. In einer Imaginationsübung kannst du versuchen, teilzunehmen an diesem Glück.

Lies die Geschichte zweimal langsam und aufmerksam durch. Noch besser ist es, wenn du jemanden hast, der sie dir vorliest, sodass du dich mit geschlossenen Augen auf ihre Welt einlassen kannst. Schließ die Augen, entspanne dich, lass alle Gedanken abfließen und beginne hinabzusteigen in deine innere Welt. Lass dich tiefer und tiefer hinabsinken. Die Welt deiner Gedanken und Pläne bleibt zurück, du steigst tiefer. Die Welt deiner Gefühle bleibt zurück, du sinkst weiter hinab, bis du ganz in der Tiefe angekommen bist. Hier begegnest du dieser Geschichte. Lass Bilder kommen – was immer sich jetzt zeigt, schaust du aufmerksam an. Du bleibst wach und mit großem Interesse dabei. Anschließend schreibst du die **Imagination** auf und hältst fest, was sie in dir ausgelöst hat.

AUS UNSEREN NOTIZBLÄTTERN

Meine Imagination

Ich sehe ein großes geräumiges Herrenhaus. In einer Art Halle gibt der Herr des Hauses seine Arbeitsanweisungen für den Tag – da sind viele Knechte und Mägde, da ist auch sein Sohn. Alle nehmen sie seine Weisungen entgegen. Es herrscht eine ruhige, angenehme Atmosphäre. Der Herr ist in seiner Stimme und Ausstrahlung freundlich, klar und bestimmt. Alle anderen wirken willig, verständig, bereit zu tun, was von ihnen gefordert wird. Dennoch fehlt eine gewisse Leichtigkeit, Heiterkeit, Unbeschwertheit. Die Stimmung ist seltsam ernst, gedämpft.

Alle gehen nun an ihre Arbeit, der Herr bleibt alleine zurück. Er steht an der offenen Tür, schaut seinen Leuten nach, bis sie nicht mehr zu sehen sind. Aber auch dann bleibt er unverwandt weiter stehen, blickt in das Land hinaus. Er wirkt jetzt sehr alt. Sein Blick ist traurig, verloren. Ich sehe um ihn herum eine graue Wolke, er ist ganz eingehüllt darin. »Graue Sorgenwolke«, denke ich, »graue Trauerwolke.« Ich spüre großes Mitleid.
Da taucht in der Ferne eine Gestalt auf. Gebeugt, mit schleppenden Schritten kommt sie näher. Es ist ein relativ junger Mann, verwahrlost, abgemagert, entkräftet, schmutzig. Als der ältere den jungen Mann sieht, geht eine völlige Veränderung mit ihm vor sich. Sein Gesicht spiegelt zunächst Erschrecken, dann ungläubiges Staunen, schließlich große Freude wider. Die graue Wolke löst sich langsam auf. Stattdessen gehen Lichtstrahlen von ihm aus. Sie scheinen gerade aus seinem Herzen zu kommen. Einer dieser Lichtstrahlen trifft direkt auf den zerlumpten jungen Mann. Die gebeugte Gestalt des Alten strafft sich. Er geht einige Schritte, erst zögernd, dann entschlossener, schließlich rennt er dem jüngeren entgegen. Als sie voreinander stehen, will der junge Mann auf die Knie fallen. Doch der ältere hält ihn fest in einer innigen Umarmung. Beide stehen nun in einem Kreis von Licht. Dieser Lichtkreis wird immer größer, der Alte winkt seine Knechte und Mägde herbei. Immer mehr Menschen strömen in diesen Kreis aus Licht, von dem weiterhin Strahlen in alle Richtungen ausgehen. Die Menschen umarmen sich, tanzen und singen, ziehen mich hinein in den Kreis des Glücks, der Freude und der Liebe.
Da taucht der Erstgeborene des Hausherrn auf. Er ist unfähig, den Kreis zu betreten. In seiner Miene mischen sich Zorn, Enttäuschung, Trauer. Ich spüre den Wunsch, ihn hereinzuholen, weiß aber, dass ich das nicht kann. Da verlässt der Alte den Kreis, geht auf seinen Sohn zu. Sie reden miteinander, das Gespräch wird heftig, die Gesten des Sohnes drücken Abwehr, Verzweiflung aus. Der Vater bleibt freundlich, ruhig, deutet einladend auf die feiernden Menschen. Doch der Sohn schüttelt den Kopf und geht traurig weg. Noch merkt er nicht, dass einer der Lichtstrahlen ihn begleitet.

Was die Imagination in mir auslöst

Ich spüre Freude über das Gefühl: Ich gehöre dazu. Ich bin hineingeholt in eine Gemeinschaft von Feiernden. Es gibt keine Bedingungen. Wenn ich zerlumpt und schmutzig bin, genügt meine Sehnsucht. In meine Freude mischt sich Mitleid mit dem, der gewissermaßen sich selbst im Weg steht, nicht über seinen Schatten springen und sich mitfreuen kann. Doch am Ende der Imagination stellt sich eine stille Zuversicht ein: Das Glück wird ihn einholen.

Versuche, den Weg des »verlorenen Sohnes« in einem kurzen Gedicht, einem sogenannten **Elfchen** zu beschreiben:

- 1. Zeile: ein Wort (Farbe, Stimmung, Licht)
- 2. Zeile: zwei Worte (das Thema)
- 3. Zeile: drei Worte (drei Eigenschaften oder auch zwei Eigenschaften, verbunden durch »aber«, »oder«, »und«)
- 4. Zeile: vier Worte (ein vollständiger Satz in Aussage- oder Frageform)
- 5. Zeile: ein Wort (Ausruf)

AUS UNSEREN NOTIZBLÄTTERN

Mein Weg

Gewittrig
mein Weg
abgründig, elend, verloren,
führt je er zurück?
Ach!

Unsicher
gehe ich
verzagt und wagemutig
wie wird Vater reagieren?
Gütig!

3. Sich geführt wissen

Gipfelerlebnisse, die tragen

Und nach sechs Tagen nahm Jesus mit sich Petrus und Jakobus und Johannes, dessen Bruder, und führte sie allein auf einen hohen Berg. Und er wurde verklärt vor ihnen, und sein Angesicht leuchtete wie die Sonne, und seine Kleider wurden weiß wie das Licht. Und siehe, da erschienen ihnen Mose und Elia; die redeten mit ihm.
Petrus aber fing an und sprach zu Jesus: Herr, hier ist gut sein! Willst du, so will ich hier drei Hütten bauen, dir eine, Mose eine und Elia eine. Als er noch so redete, siehe, da überschattete sie eine lichte Wolke. Und siehe, eine Stimme aus der Wolke sprach: Dies ist mein lieber Sohn, an dem ich Wohlgefallen habe; den sollt ihr hören!
Als das die Jünger hörten, fielen sie auf ihr Angesicht und erschraken sehr. Jesus aber trat zu ihnen, rührte sie an und sprach: Steht auf und fürchtet euch nicht! Als sie aber ihre Augen aufhoben, sahen sie niemand als Jesus allein. Und als sie vom Berge hinabgingen, gebot ihnen Jesus und sprach: Ihr sollt von dieser Erscheinung niemandem sagen, bis der Menschensohn von den Toten auferstanden ist.
Mt 17,1–9 (Lutherübersetzung)

Bring diese Geschichte in die Form eines **Psalms**, den du aus der Identifizierung mit Petrus in der Ich-Form schreibst.

Folgende Regeln für einen Psalm können dir dabei helfen: Ein Psalm ist ein Gebet in Liedform. Jeder Vers besteht aus zwei Halbversen, die häufig parallel angeordnet sind, das heißt inhaltlich zweimal das Gleiche sagen, nur mit anderen Worten, zum Beispiel:

Menschen sind ja nichts,
sie wiegen weniger als nichts.

Verlasst euch nicht auf Gewalt,
setzt auf Raub nicht eitle Hoffnung.

In vielen Psalmen findet sich ein wiederkehrender Vers, gleich einem Refrain. In ein und demselben Psalm kann sich die Perspektive ändern: Einmal spricht der Mensch zu Gott in Klage, Bitte, Dank, Lobpreis, dann über Gott im Beschreiben seiner Eigenschaften und im Erzählen seiner Taten, dann wieder kann Gott zum Menschen sprechen, mahnend oder tröstend. Es kommt auch vor, dass der Psalmbeter andere Menschen oder auch sich selbst, seine Seele, anspricht.

AUS UNSEREN NOTIZBLÄTTERN

Ein Psalm des Petrus

Erwählt hast du mich, Gott,
ausgesondert unter vielen.

Mich hast du gerufen
und ich hörte auf deine Stimme.

Du hast mich geführt,
hast mich geleitet auf meinem Weg.

Wunderbar sind die Wege des Herrn,
unerforschlich und weise.

Auf steilem Pfad behütest du meinen Fuß,
dass ich sicher schreite.

Wenn wilde Tiere mich zerreißen wollen
und finstere Schluchten mich verschlingen,

bist du, Herr, mein Schutz und meine Stärke,
du bist mein Helm und mein Speer.

Wunderbar sind die Wege des Herrn,
unerforschlich und weise.

Auf der Höhe des Berges bist du da,
offenbarst deine Größe und Schönheit.

Dein Angesicht leuchtet wie die Sonne,
dein Gewand ist weiß wie das Licht.

Mit unseren Vätern sprichst du,
die Propheten sind deine Gefährten.

Wunderbar sind die Wege des Herrn,
unerforschlich und weise.

Hütten will ich bauen auf deinem Berg,
in deiner Wohnung will ich bleiben für immer.

Ich höre deine Stimme aus lichter Wolke,
deine Worte vernehme ich wohl.

Der Klang deiner Stimme lässt mich erzittern,
auf mein Angesicht falle ich voll Furcht.

Wunderbar sind die Wege des Herrn,
unerforschlich und weise.

Steh auf, Mensch, und fürchte dich nicht,
meine Hand stärkt dich.

Steig hinab von dem Berg,
im Tal sollst du leben.

Gedenke meiner Offenbarung
und hüte das Geheimnis deines Gottes.

Wunderbar sind die Wege des Herrn,
unerforschlich und weise.

Zeichne einen **Zeitstrahl deines Lebens** in Fünfjahresabständen. Markiere jene Ereignisse und Erfahrungen, in denen du dich auf deinem geistlichen Weg von Gott erwählt gefühlt hast. Das müssen keine herausragenden, spektakulären Bekehrungserlebnisse sein. Eine solche Erwählung kann schon deine Taufe darstellen oder das selbstverständliche Gebet in der Familie.

AUS UNSEREN NOTIZBLÄTTERN

Zeitstrahl meines Lebens

60	eine neue Aufgabe
55	
50	meine ersten Exerzitien
45	Bewahrung (Unfall)
40	Begegnung mit …
35	Kontakt mit der Gemeinde …
30	Geburt meines Kindes
25	Hochzeit
20	
15	Junge Gemeinde
10	Erstkommunion
5	
	Taufe und Hineinwachsen in eine gläubige Familie

Schreibe deinen **persönlichen Glückspsalm**. Suche dazu aus dem Psalm des Petrus jene Verse heraus, die zu deinem persönlichen Glaubensweg passen. Erweitere sie durch Verse, in denen deine Erwählungserinnerungen zur Sprache kommen.

AUS UNSEREN NOTIZBLÄTTERN

Erwählt hast du mich, Gott,
ausgesondert unter vielen.

Vater und Mutter lehrten mich deine Gebote,
sie erzählten von deinen großen Taten.

Du hast mich geführt,
geleitet hast du mich auf meinem Weg.

Wunderbar sind die Wege des Herrn,
unerforschlich und weise.

....
....

ZUM SCHLUSS: EINE KLEINE GEBETSSCHULE IN FÜNF LEKTIONEN

1. Gebete aus dem Schatz der Tradition

Ich muss beim Beten nicht eigene Worte finden, ich kann mich hineinbegeben in die Worte, die andere vor mir gesprochen und mit Leben gefüllt haben – Psalmen, Liedverse, das Vaterunser.

Auch Jesus hat diese Form des Gebets ganz sicher gepflegt. Darum konnte er in der äußersten Todesnot, in der eigene Worte ihn verließen, auf den Schatz der Psalmen zurückgreifen: »Mein Gott, mein Gott, warum hast du mich verlassen?« (Ps 22).

Fallen dir Gebete aus deiner Kindheit ein – Abendgebete, Tischgebete, Liedverse –, die du noch auswendig kannst?

Sind später noch andere Gebete hinzugekommen? Mit welchen dieser Gebetstexte kannst du heute noch etwas anfangen? Hast du Lust, das eine oder andere Gebet wieder hervorzusuchen?

Hast du Lust, einen Text, z.B. einen Psalm, auswendig zu lernen? Such dir einen Psalm, der dich anspricht. Hier einige Vorschläge:

- *Ps 23: Der Herr ist mein Hirte, mir wird nichts mangeln.*
- *Ps 42: Wie der Hirsch lechzt nach frischem Wasser, so schreit meine Seele, Gott, nach dir.*
- *Ps 91: Wer unter dem Schirm des Höchsten sitzt.*

Oder einer der kurzen Wallfahrtspsalmen (Ps 120–134), etwa

- *Ps 121: Ich hebe meine Augen auf zu den Bergen, woher kommt mir Hilfe?*
- *Ps 126: Wenn der Herr die Gefangenen Zions erlösen wird, so werden wir sein wie die Träumenden.*

Versetz dich in eine mittelalterliche Schreibstube und »male« den Psalm ab. Du kannst den ersten Buchstaben wie in einer alten Handschrift kunstvoll gestalten.

2. Das betrachtende Gebet

a) Assoziatives Betrachten

Ich wähle einen (nicht zu langen) Text. Das kann ein biblischer Text sein – ein Psalm, eine Geschichte aus den Evangelien oder aus dem Ersten Testament –, ein Gedicht, der Text eines alten oder modernen Mystikers. Es gibt zahlreiche Bücher, die für jeden Tag des Jahres solche zur Betrachtung geeigneten Texte anbieten. Schon die Suche und Auswahl des richtigen Buches kann zu einer lohnenden Entdeckungsreise werden.

Bei meiner Betrachtung lese ich den Text mehrmals, öffne mich seiner Wirkung, verweile bei einzelnen Worten, Passagen, Bildern, lasse Gedanken, Gefühle kommen und lese abschließend noch einmal den ganzen Text.

b) Ruminatio

Eine andere Möglichkeit ist, mich einem kurzen Wort zuzuwenden. Vielleicht trifft mich beim Lesen eines Textes ein Satz oder ein Wort. Durch das Bewegen im Herzen wird aus einem Wort ein Gebet.

Geeignet für diese Form des betrachtenden Gebets sind beispielsweise die Losungen der Herrnhuter Brüdergemeinde: Die Losungen suche ich mir nicht aus, ich bekomme sie einfach zugesprochen.

Wie bewege ich solch ein Wort im Herzen? Eine Methode ist die im Mönchtum praktizierte *ruminatio*, das »Wiederkäuen« eines Wortes. Ich wiederhole beständig innerlich dasselbe Wort, denke nicht darüber nach, »kaue« es nur immer wieder. Dabei kann ich es verbinden mit meinem Atem, es atmend beten, oder beim Gehen hineinnehmen in den Rhythmus meiner Schritte, sozusagen mit ihm »umgehen«. Das kann der Satz sein, den Jesus in der Synagoge zu dem unreinen Geist sagt: *Schweig und verlass ihn* (Mk 1,25). Einatmend fülle ich mich mit Schweigen, mit Stille, ausatmend gebe ich »unreine Geister« – Angst, Sorgen, Zweifel – ab. Beim Gehen stelle ich mir vor, wie ich sie mit jedem Schritt hinter mir lasse und wie von vorn das Schweigen, die Ruhe, die Stille, auf mich zukommen.

Nimm das Psalmwort *Aus der Tiefe rufe ich, Herr, zu dir* (Ps 130,1). Wie würdest du es verbinden mit deinem Atem? Was sagt dir die Verbindung des Atems mit dem Wort?

Suche dir nun selbst ein Bibelwort und finde den Atemrhythmus dazu! Vielleicht ist dir aufgefallen, dass es sich bei manchen Worten empfiehlt, mit dem Ausatmen zu beginnen. Das hat durchaus seinen tiefen Sinn: Wir beginnen mit dem Loslassen, dann erst kommt das Empfangen. Unsere Woche beginnt mit dem Sonntag, der Ruhe, dem Lassen, der Entspannung. Dann erst kommt der Alltag, das Tun, die Anstrengung. Schon in der Schöpfungsgeschichte beginnt der Tag mit dem Abend, also mit der Ruhe: »Da ward aus Abend und Morgen der erste Tag.«

AUS UNSEREN NOTIZBLÄTTERN

Das Psalmwort *Aus der Tiefe rufe ich, Herr, zu dir* (Ps 130,1) in Verbindung mit meinem Atem:

Möglichkeit (1)

Ausatmen:	*Einatmen:*
Aus der Tiefe rufe ich,	*Herr, zu dir*

Ausatmend spreche ich »Aus der Tiefe rufe ich«. Ich steige dabei atmend hinab in meine Tiefe, meine Dunkelheit, lasse sie zu, schaue sie an, setze mich ihr aus. Einatmend wende ich mich mit der Anrede »Herr« nach oben, stelle mit den Worten »zu dir« gewissermaßen die Verbindung her zwischen mir und ihm, zwischen unten und oben, zwischen meiner dunklen Tiefe und seinem Licht.

Möglichkeit (2)

Ausatmen:	*Einatmen:*
Aus der Tiefe	*rufe ich,*
Herr,	*zu dir.*

Hier habe ich das Wort auf zwei Atemzüge verteilt. Ausatmend nehme ich meine Tiefe wahr. Einatmend steigt das »rufe ich« schon empor. Die Anrede »Herr« beim Ausatmen lässt mich spüren, dass auch Gott hinabgestiegen ist in meine Tiefe. »Zu dir« im Einatmen holt mich hinauf zu ihm.

c) Spielen mit einem Satz

Es gibt auch die Möglichkeit, eher spielerisch mit einem Satz umzugehen, unterschiedliche Worte zu betonen oder Worte auch umzustellen, den Satz zu drehen und zu wenden und verschiedene Facetten daran zu betrachten. Für diese Methode eignen sich vor allem Worte, die sehr bekannt sind, an die man sich womöglich schon zu sehr gewöhnt hat. Sie gewinnen durch diese Methode wieder eine neue Lebendigkeit, neue Botschaften.

Nehmen wir zum Beispiel aus der Erzählung von der Heilung der Schwiegermutter des Petrus den Satz *Sie sprachen über sie mit Jesus.* Es ist gut, wenn ich über einen Menschen, um den ich mich sorge, mit Jesus sprechen kann.

Ich betone unterschiedlich und erlange unterschiedliche Bedeutungen. Zum Beispiel:

Sie *sprachen über sie mit Jesus.*
Sie ***sprachen*** *über sie mit Jesus.*
Sie sprachen ***über*** *sie mit Jesus.*
Sie sprachen über ***sie*** *mit Jesus.*
Sie sprachen über sie mit ***Jesus.***

Die Hervorhebung einzelner Wörter bringt unterschiedliche Färbungen, löst verschiedene Gefühle aus, lässt Erinnerungen wach werden. Ich lasse mir Zeit, der Bedeutung jeder Betonung nachzuspüren.

Bei einer anderen Form des Satzspiels stellt man Wörter um oder verändert die Satzzeichen. Zum Beispiel:

Sie sprachen über sie mit Jesus.
Sie sprachen mit Jesus über sie.
Sie sprachen mit Jesus über sie?
Sie sprachen über sie – mit Jesus!
Sprachen sie über sie mit Jesus?
Sprachen sie mit Jesus über sie?
Über sie sprachen sie mit Jesus.
Mit Jesus sprachen sie über sie.
Mit Jesus sprachen sie – über sie?
Mit Jesus sprachen sie – über sie!

Hier verändere ich natürlich den Text und auch seine Aussageabsicht. Aber ich kann über solche Veränderungen einen Zugang zu meiner Lebenssituation und meinem Glauben bekommen und Antworten auf Fragen wie: Wo stehe ich gerade? Welche Formulierung drückt meine Glaubenswelt heute am besten aus? Wo liegt meine Sehnsucht? Was sind meine Ängste?

Versuche, ähnlich zu verfahren mit dem kurzen Satz *Was haben wir mit dir zu tun, Jesus?*

Such dir einen eigenen Satz in der Bibel – vielleicht hast du ein Lieblingswort – und probiere diese Methode damit aus.

AUS UNSEREN NOTIZBLÄTTERN

Unterschiedliche Betonungen

Was haben wir mit dir zu tun, Jesus?
Was haben **wir** mit dir zu tun, Jesus?
Was haben wir mit **dir** zu tun, Jesus?
Was haben wir mit dir zu **tun**, Jesus?
Was haben wir mit dir zu tun, **Jesus**?

Veränderung der Satzstellung

Haben wir mit dir was zu tun, Jesus?
Jesus, wir haben was zu tun mit dir!
Haben wir was zu tun, Jesus, mit dir?
Zu tun haben wir was mit dir, Jesus ...
Wir haben was zu tun, mit dir, Jesus.
Mit dir haben wir was zu tun, Jesus?
Mit dir haben wir was zu tun, Jesus!

d) Gebetslitanei

Eine weitere Variante des betrachtenden Gebets besteht darin, einen Text in eine Gebetslitanei umzuwandeln – ähnlich dem **Rosenkranzgebet**.

Dabei stelle ich, dem Text entlang, Aussagen zusammen, die mich heute besonders berühren. Bei der Geschichte von der Heilung des Menschen, der von einem unreinen Geist gequält wird, könnte das so aussehen:

Ich werde gequält von Gedanken (Angst, Sorgen, Schuld).
Jesus ist da.
Jesus hat Zugang zu meinen quälenden Gedanken.
Jesus sagt zu ihnen: Schweigt.
Jesus sagt zu ihnen: Verschwindet.

Ich spüre, wie sie sich wehren.

Jesus ist stärker.

Gebetsmühlenartig wiederhole ich stets aufs Neue diese Sätze, bis ich etwas spüre von der befreienden Kraft Jesu.

Wieder geht es nicht darum, über diese Sätze nachzudenken, ich »mache« nichts mit ihnen, sie »machen« etwas mit mir.

Diese Methode ist auch gut geeignet zum Gehen in der Natur.

Versuche ein »Rosenkranzgebet« aus folgendem Text zu machen:

> *Und am Abend desselben Tages sprach er zu ihnen: Lasst uns hinüberfahren. Und sie ließen das Volk gehen und nahmen ihn mit, wie er im Boot war, und es waren noch andere Boote bei ihm. Und es erhob sich ein großer Windwirbel, und die Wellen schlugen in das Boot, sodass das Boot schon voll wurde. Und er war hinten im Boot und schlief auf einem Kissen. Und sie weckten ihn auf und sprachen zu ihm: Meister, fragst du nichts danach, dass wir umkommen? Und er stand auf und bedrohte den Wind und sprach zu dem Meer: Schweig und verstumme! Und der Wind legte sich, und es entstand eine große Stille.*
>
> Mk 4,35–39 (Lutherübersetzung)

Probiere es nun einmal mit einem selbst gewählten Text.

AUS UNSEREN NOTIZBLÄTTERN

»Rosenkranzgebet« zu Mk 4,35–39

Ich bin mitten in einem Wirbelsturm.
Ich wecke Jesus.
Jesus steht auf für mich.
Jesus spricht ein Machtwort.
Es entsteht eine große Stille.

3. Das freie Gebet

Hier sage ich Gott in meinen Worten alles, was mich beschäftigt, freut, belastet. Jesus tut dies zum Beispiel, wenn er seinem Vater im Himmel erzählt, wie sein Wort in der Welt ankommt: »Ich preise dich, Vater, Herr des Himmels und der Erde, dass du solches den Weisen und Klugen verborgen hast und hast es den Unmündigen offenbart. Ja, Vater, denn es ist also wohlgefällig vor dir« (Mt 11,25).

Wer sagt »Ich kann nicht beten«, weiß wahrscheinlich gar nicht, wie nahe die eigenen Gedanken oft am Gebet sind. Wir bräuchten nur noch die Anrede »Mein Gott« vor die Überlegungen zu setzen. Du denkst: »Das war heute wirklich ein wunderbarer Tag. Endlich hatten wir mal Zeit für einander. Und diese herrliche Frühlingslandschaft ...« Setze »mein Gott« vor diesen Rückblick und du hast ein Dankgebet gesprochen. Oder du beschäftigst dich in Gedanken mit dem morgigen Tag: »Hoffentlich läuft das Gespräch gut. Wie fange ich am besten an? Ach, und abends die Einladung. Wie soll ich das alles schaffen? Da muss ich ja vorher noch so viel erledigen ...« Setze »mein Gott« vor deine sorgenvollen Gedanken und es ist ein Bittgebet! Solche Gedankengebete beten viele Menschen täglich, ohne es sich bewusst zu machen.

Eine Variante ist die dem Alltag entnommene Gebetslitanei. Sie erfordert ein wenig Zeit, ist aber eine einfache und lohnende Art des Gebets. Falte ein Blatt Papier längs in zwei Hälften, sodass du zwei Spalten hast wie in einem Vokabelheft. In die linke Spalte schreibst du untereinander Ereignisse des heutigen Tages oder der vergangenen Woche oder auch Ereignisse aus deinem Leben. Beginne jeden Satz mit »als«:

Als ich die Auseinandersetzung mit N.N. hatte, ...
Als ich die Nachricht erhielt, ...
Als ich mich entschied, ...
Als ich in X. ankam, ...

Schreibe deine Tageslitanei. Wenn das Blatt voll ist, ergänzt du hinter jedem angefangenen Satz in der rechten Spalte immer wieder *da warst du dabei.* Abschließend liest du noch einmal die ganze **Alltagslitanei**.

Ebenso kannst du verfahren mit einem Ausblick auf den kommenden Tag:

Wenn ich morgen ..., dann bist du dabei, mein Gott!

So bekommen auch und gerade die Kleinigkeiten des Alltags ihren Wert und sie sind bei Gott aufgehoben.

4. Das kontemplative Gebet

Diese Gebetsform ist weitgehend ohne Worte. Ich versuche, alles abzulegen, einfach da zu sein vor Gott, in der Gegenwart. Freilich besteht die Versuchung, auch diese Zeit der Stille und der Einsamkeit wieder zu füllen – mit Musik, dem Betrachten eines Bildes, einer handwerklichen Arbeit. Es ist gut, sich für diese Dinge auch Zeit zu nehmen. Aber ebenso wichtig ist das Einüben ins reine Da-sein vor Gott, ohne irgendetwas anderes zu tun.

Ich versuche mich zunächst körperlich zu entspannen. Dafür »wandere« ich durch meinen Körper: Ich lasse alle körperliche Spannung los und wende meine Aufmerksamkeit nach und nach den einzelnen Körperteilen zu: Füßen, Beinen, Rückgrat, Schultern, Nacken, Kopf, Gesicht, Armen, Händen, Bauch- und Brustraum. Dann achte ich auf meinen Atem und stelle mir vor: Gott atmet in mir. Ich versuche auf meinen Atem und auf die Stille zu lauschen und lasse alle Gedanken, Sorgen, Hoffnungen, Pläne, Wünsche los. Wenn sie sich melden, bekämpfe ich sie nicht, sondern kehre einfach wieder zurück zu meinem Atem, zum Hören auf die Stille.

Habe ich das Gefühl, ruhig und entspannt zu sein, sage ich mir: Ich bin da in der Gegenwart Gottes. Er schaut mich an und ich schaue ihn an. In diesem Schauen und Angeschautwerden verweile ich.

Fällt es mir schwer, dabeizubleiben, kann ich den Atem mit einem kurzen Wort verbinden – *Du* oder *Vater* oder *Ja* oder auch dem Namen *Jesus Christus*. Dabei sollte ich das Wort sprechen, auf seinen Klang lauschen, aber nicht über seine Bedeutung nachdenken.

So rät Paulus uns, im Sinne Jesu zu beten *Abba, lieber Vater*. Wenn von Jesus erzählt wird, dass er eine ganze Nacht im Gebet verbracht hat, dass er auf einen Berg gestiegen, in eine einsame Gegend gegangen ist, um zu beten, können wir annehmen, dass er da nicht die ganze Zeit gesprochen hat, sondern dass er im schweigenden Gebet einfach verweilte in der Gegenwart Gottes.

Manchen fällt das kontemplative Gebet im Gehen leichter. Auch hier ist es gut, zunächst den eigenen Körper wahrzunehmen.

Ich beginne mit dem Stehen, spüre die Erde unter mir, den Himmel über mir, die Luft um mich und mache mir bewusst, dass ich in der Gegenwart Gottes da bin.

Auch hier wandere ich zunächst durch meinen Körper und lasse alle unnötige körperliche Spannung los (Schultern, Nacken, Kopf, Gesicht, Arme, Hände, Bauchraum).

Ich achte auf meinen Atem: Gott atmet in mir.

Ich tue bewusst den ersten Schritt und gehe eine Weile nur auf den Rhythmus meines Atems und meiner Schritte achtend.

Wenn Gedanken, Sorgen, Hoffnungen, Pläne, Wünsche kommen und mich ablenken, kämpfe ich nicht dagegen an, sondern kehre einfach immer wieder zur Wahrnehmung des Atems und der Schritte zurück.

Die Natur um mich nehme ich achtsam wahr, ohne darüber nachzudenken (mit dem Herzen, nicht mit dem Kopf!).

Ich höre im Gehen auf die Stille. Geräusche – Vögel, Wasser, Wind, einen Hund, menschliche Stimmen – nehme ich wahr, beschäftige mich aber nicht mit ihnen, sondern höre dabei immer auf die Stille, aus der sie hervortreten, und verweile im reinen Schauen. Wer es versucht, der merkt schnell, dass es der Übung bedarf – es ist so einfach, aber keineswegs leicht. Wir sind es so sehr gewöhnt, immer unser Denken einzuschalten, alles zu benennen, zu analysieren, zu beurteilen. In seinem Buch »Kontemplative Exerzitien«, schreibt der Jesuit und Exerzitienbegleiter Franz Jalics, »dass der Weg zu Gott sich durch die Wahrnehmung öffnet und nicht durch das diskursive Denken«. Und weiter: »Die Wahrnehmung ist die höchste Form der Erholung ... Die Wahrnehmung erfrischt und regeneriert unsere Kräfte.«

5. Lectio divina

Der Gebetsweg der *lectio divina* wurde schon von den Wüstenmönchen geübt und wird noch heute in den Klöstern praktiziert. In ihn haben verschiedene der oben vorgestellten Gebetsmethoden Eingang gefunden. Die *lectio divina* besteht aus vier Schritten:

- *Lectio* – das langsame, wiederholte (laute) Lesen einer Bibelstelle.
- *Meditatio* – das »wiederkäuende« Meditieren eines Wortes oder Satzes.
- *Oratio* – das freie Gebet, mit dem ich auf Gottes Anruf antworte.
- *Contemplatio* – das absichtslose Verweilen in der Gegenwart Gottes.

ANHANG FÜR SCHATZSUCHER

Methodenregister

Bibelstellenregister

Altes Testament

Neues Testament

Quellennachweis